AI 로봇과 안전

AI총서

인공지능 시대입니다. 기계가 인간의 인지를 대신하고, 사물이 인간을 통하지 않고 다른 사물과 직접 커뮤니케이션합니다. 이에 따른 인간 삶과 문명 변화를 정확히 이해·예측·대응하는 것은 이 시대 우리 모두의 과제입니다. AI총서는 인공지능 기술과 환경의 여러 주제를 10가지 키워드로 정리합니다. 관련 개념과 이론, 학계와 산업계의 쟁점, 우리 일상의 변화를 다룹니다. 인간과 기술의 현재, 미래를 세심히 분석합니다.

일러두기

- 인명, 작품명, 저서명, 개념어 등은 한글과 함께 괄호 안에 해당 국가의 원어를 병기했습니다.
- 외래어 표기는 현행 어문규정의 외래어표기법을 따랐습니다.

처음이세요?

전문가세요?

AI 로봇과 안전

송현경

대한민국, 서울, 커뮤니케이션북스, 2025

AI 로봇과 안전

지은이 송현경
펴낸이 박영률

초판 1쇄 펴낸날 2025년 11월 28일

커뮤니케이션북스(주)
출판 등록 2007년 8월 17일 제313-2007-000166호
02880 서울시 성북구 성북로 5-11
전화(02) 7474 001, 팩스(02) 736 5047
commbooks@commbooks.com
www.commbooks.com

ISBN 979-11-430-1118-3 03500

책값은 뒤표지에 표시되어 있습니다.

차례

AI 로봇 위험성 측정 지표의 필요성

최근 생성형 AI(Artificial Intelligence, 인공지능) 챗봇에 사진을 업로드하면 지브리 스타일 등 애니메이션 그림으로 변환해 주는 서비스가 인기를 끌었다. 이렇게 우리는 일상에서 스마트 기기를 통해 매일 인공지능을 경험하고 있다.

AI의 능력은 2016년 알파고를 통해 전 세계 사람들에게 이미 인정을 받아 왔지만, 생성형 챗봇이 출현하면서 AI 없는 세상은 상상하기 어려울 정도로 새로운 시대로 접어든 것을 체감하게 된다.

로봇은 1900년대 중반부터 인간의 육체노동을 돕기 위해서 개발되었고, 물류 창고 등에서 상품을 자동으로 분류하고 이동하는 등에 활용되고 있으며, 집에서 인간과 함께 사는 동반자 개념의 AI 반려 로봇 강아지는 2000년대부터 나왔다.

최근에는 고속도로 휴게소나 도서관에서 뜨거운 라테, 아이스 아메리카노 커피를 내리는 바리스타 로봇도 볼 수 있고, 식당에 가면 음식을 테이블까지 가져다주는 서빙 로봇도 흔하게 볼 수 있다.

제조 공장에서는 인간과 협동 작업을 하던 로봇이 다른 로봇과 분업을 시작했다(오로라, 2025). 집에서 가사 노동을 하는 휴머노이드 로봇과 생활하는 것도 먼 미래가 아니다(윤영주, 2024). 인간 신체에 착용하는 의료용 웨어러블 로봇은 신체를 보조해 움직이는 활동을 하게 하는 등 재활을 도와주기도 한다(김범준, 2025). 앞으로 더욱더 로봇의 활용 범위가 넓어질 것이며, 일상생활에서 그들의 역할도 점점 많아질 것이다.

반면에, 인간 신체를 물체로 오인한 AI 로봇으로 인해 인간이 사망하는 등 로봇을 도입한 산업 현장에서 로봇과 관련된 안전사고가 발생하고 있다(박은경, 2023). 이렇듯, AI 로봇이 여러 분야에서 출현하면서 나타난 부작용에 대한 심각성도 인식할 필요가 있다.

로봇은 인간이 편리한 일상생활을 영위하는 데 없어서는 안 될 존재가 돼 가고 있다. 다만, 로봇이 인간 세상에서 함께 살아가기 위해서는 필수 요소인 안전성을 갖췄을 때 공존이 가능하다고 할 것이다. 이러한 이유로 세계 각국에서는 AI 로봇을 사용하는 데 안전성을 확보하기 위해 AI 관련 법 및 규제 등 제도를 마련하고 있다.

우리나라도 인간의 생명, 신체, 기본권에 위험을 초래

할 우려가 있는 AI 시스템의 규제를 위한 인공지능 발전과 신뢰 기반 조성 등에 관한 기본법(줄여서 인공지능 기본법)을 제정하였으며, 이 법은 2026년 시행될 예정이다(과학기술정보통신부, 2025).

해당 법에서는 AI를 학습, 추론, 지각, 판단, 언어 이해 등 인간이 가진 지적 능력을 전자적 방법으로 구현한 것이라고 정의한다(과학기술정보통신부, 2025). 그리고 AI 시스템은 다양한 수준의 자율성과 적응성을 가지고, 주어진 목표를 위해 실제 및 가상 환경에 영향을 미치는 예측, 추천, 결정 등 결과물을 추론하는 AI 기반 시스템이라고 정의한다(과학기술정보통신부, 2025).

저자의 관련 분야 논문에서는 AI 소프트웨어 · 하드웨어 시스템과 결합한 형태로 구현된 기계 장치를 AI 로봇이라 정의한다(송현경 · 안성진, 2023). 따라서, 이 책에서도 AI 로봇이란 AI 시스템을 장착한 기계가 외부 요인이나 스스로 판단해서 반응하는 물리적 형태를 가진 장치라 정의한다(송현경 · 안성진, 2023).

AI 시스템과 로봇 장치가 결합한 AI 로봇은 기술적인 부분은 물론이고 윤리적인 측면에서 또한 문제가 발생할 수 있다. 그러므로 인공지능 로봇의 기술적 · 윤리적 문제점을 모두 점검하기 위한 위험성 측정 지표가 필요하다. 이러한 필요에 따라 인간 사회에서 AI 로봇을 안전하게 사용하기 위해 저자가 연구한 AI 로봇의 위험성 유형별 측정 지표 개발 연구를 토대로 이 책을 집필하게 되었다.

AI 시대에는 AI 로봇이 인간의 일상생활이나 문명에 미치는 변화를 이해하고 예측하며 그 변화에 대응하는 것이 중요하다.

책의 구성

이 책은 AI 로봇과 관련된 위험성으로 인한 안전 문제에 중점을 두고 작성하였으며, 여러 가지 형태로 나타날 수 있는 위험성 유형을 정의하고 이를 측정하기 위한 지표 개발 및 활용 방안을 제시하고 있다.

이 책의 구성을 간략히 설명하면, 먼저 AI 로봇의 발전사를 통해 AI 로봇 개념을 이해하기 쉽게 정의하였고, 문헌 분석을 토대로 AI 로봇과 관련된 여러 형태의 위험성 사례를 정리했다. 또 AI 로봇 위험성 유형별 측정 지표 개발 연구를 위해 필수적으로 알아야 할 AI 윤리 원칙과 로봇 윤리의 개념을 정리했다. AI 로봇의 위험성 유형별 측정 지표 개발 연구 및 AI 윤리 원칙 관계성 연구의 전체 단계를 풀어 설명하였고, 마지막 장에는 측정 지표의 활용 방안을 정리했다.

1장 AI 로봇의 발전사에는 세계 최초 로봇과 산업화를 이끌어 온 로봇들을 소개하고 있다.

최근에는 산업 분야 및 의료 분야 이외에 스마트 기기로도 일상에서 경험할 수 있는 AI 로봇이 있으며, 이 장에서는 웨어러블 로봇, 액체용 로봇, 휴머노이드 등 로봇의 여러 가지 형태와 다양한 활용성에 관해 설명했다.

2장 AI 로봇의 정의에서는 AI, 로봇, AI 로봇의 개념을 독자들에게 정확하게 이해시키고자 자세히 구분 지어 설명했다.

로봇이 발전하면서 출현한 지능형 로봇과 AI 로봇의 개념을 정리하여 둘 사이 차이점을 설명했고, AI 로봇으로 구현할 수 있는 여러 형태 중 안드로이드, 휴머노이드, 사이보그의 차이점을 설명했다.

3장에서 6장은 AI 로봇의 위험성 유형 및 사례를 설명했다. AI 로봇은 인간과 사회에 다양한 위험을 초래할 수 있는데, 이러한 AI 로봇의 위험성 유형을 저자의 연구에서는 넷으로 구분해서 설명하고 있다.

3장에서는 AI 로봇이 작동 이상이나 잘못된 판단으로 인간에게 상해를 입힐 수 있는 사례들을 정리하고, AI 로봇이 인간 신체에 가할 수 있는 물리적 위험성을 설명했다.

4장은 AI 로봇이 정보 제공이나 발언으로 인간의 평등권 · 자유권 · 인격권을 침해하는 사례들에 대해서 정리하였고, 인간 권리에 대한 위험성을 설명했다.

5장은 재산의 가치 하락이나 무형 이익에 손실을 줄 수 있는 AI 로봇의 판단 또는 행위에 관한 사례를 정리하였고, 재산 손실의 위험성을 설명했다.

6장에서는 AI 로봇이 교통 규칙이나 규범 위반 등으로 사회 질서를 혼란스럽게 하거나 사회 전체에 영향을 미치는 행위 또는 판단한 사례들을 정리하였고, 사회적 위험성을 설명했다.

7장은 AI 로봇으로 인한 위험성을 사전에 방지할 수 있는 규범, 제도, 가이드라인의 필요성을 설명하며, 이와 관련된 AI 윤리 원칙 및 로봇 윤리에 대한 국내외 문헌을 정리하고 설명했다.

최근 로봇이 AI와 결합해서 자율성을 가진 존재로 발전하고 있으나, AI 로봇의 위험성을 측정할 수 있는 표준화된 지표나 가이드라인이 없어 저자가 개발한 AI 로봇의 위험성 유형별 측정 지표의 필요성과 가치를 역설하는 내용을 담고 있다.

AI 로봇은 예측 불가능한 문제들을 야기할 수 있으므

로, 8장은 인간의 안전과 권리 보장을 위한 기술적 · 윤리적 점검 지표에 대한 연구 내용을 담고 있다.

저자와 전문가들이 집단 지성으로 연구한 AI 로봇의 위험성 유형별 측정 지표를 개발한 전 과정을 독자들이 이해하기 쉽도록 자세하게 설명했다.

AI 로봇의 위험성을 4가지로 분류하고, 인간 신체에 대한 물리적 위험성, 인간 권리에 대한 위험성, 재산 손실의 위험성, 사회적 위험성 유형의 11개 항목 및 52개 측정 지표가 통계적으로 유의미함을 설명했다.

저자의 연구로 개발된 AI 로봇 위험성 측정 지표는 투명성, 책무성, 공정성, 통제성, 안전성이라는 5가지 표준화된 AI 윤리 원칙 구성 요소와 밀접한 관계가 있다. 9장에서는 AI 로봇 위험성 측정 지표가 정책, 입법, 규제, 지침 등에 활용되기 위해, 이 지표가 표준화된 AI 윤리 원칙 구성 요소와 맺고 있는 관계성을 검증한 내용을 담고 있다.

10장은 AI 로봇 위험성 측정 지표가 범용적으로 활용될 가치가 있음을 설명했다. 로봇 산업 육성과 더불어 안전성 확보를 위한 로보틱스 등 공학 분야, AI 로봇 관련 법규 입안, 기술 정책 수립, 범정부적 통합 가이드라인으로 활용될 수 있음을 설명했다.

또한, 미래에 발생하게 될, 현재는 예측 불가능한 AI 로봇 문제에 대비하여 측정 지표를 계속 확장하고 개발하는 지속적 연구의 필요성을 설명했다.

우리는 AI나 로봇이 없었던 삶으로 돌아가는 것을 상상할 수 없는 AI 로봇 시대에 살고 있다. 이 책은 전문가 집단의 미래 예측적 연구를 통해 머지않아 나타날 AI 로봇의 기술적·윤리적 문제를 담고 있어, AI 로봇 시대를 살아가는 모든 독자가 읽어야 할 필독 도서로서의 가치가 있다.

이 책을 집필할 수 있게 기회를 주신 커뮤니케이션북스 관계자분들, IAAE 국제인공지능윤리협회 이사장님, AI 로봇의 위험성 측정 지표 개발을 위해 전문가 인터뷰와 델파이 연구 등에 귀한 시간을 내어 참여해 주신 코어소프트 대표님과 여러 전문가분, 마지막으로 항상 기도로 힘써 주시는 사랑하는 나의 부모님과 가족들, 목사님에게 감사 인사를 드린다.

참고문헌

과학기술정보통신부(2025.1.21). "인공지능 발전과 신뢰 기반 조성 등에 관한 기본법". https://www.law.go.kr/%EB%B2%95%EB%A0%B9/%EC%9D%B8%EA%B3%B5%EC%A7%80%EB%8A%A5%20%

EB%B0%9C%EC%A0%84%EA%B3%BC%20%EC%8B%A0%EB%A2%B0%20%EA%B8%B0%EB%B0%98%20%EC%A1%B0%EC%84%B1%20%EB%93%B1%EC%97%90%20%EA%B4%80%ED%95%9C%20%EA%B8%B0%EB%B3%B8%EB%B2%95

김범준(2025.1.2). "웨어러블 로봇, 과학 넘어 일상으로… 재활의 미래를 열다". 이데일리.
https://www.edaily.co.kr/News/Read?newsId=01164406642033784

박은경(2023.11.8). "인간을 박스로 오인한 로봇… 사람을 죽였다". 한국일보. https://v.daum.net/v/20231108180921195

송현경·안성진(2023). "AI 로봇의 위험성 예방을 위한 측정지표에 관한 연구". 《인터넷정보학회논문지》, 24(3), 27~41쪽.
https://doi.org/10.7472/jksii.2023.24.3.27

오로라(2025.2.24). "달걀 건네자 냉장고에… 다가온 '로봇 분업 시대'". 조선일보.
https://www.chosun.com/economy/tech_it/2025/02/24/DRCK6JWMXFFBLE5AWZNJBISAKQ/

윤영주(2024.1.10). ""빨래·요리·청소 뭐든지 맡겨만 주세요" … 일 잘하는 가사도우미 로봇 등장". AI포스트.
https://www.aipostkorea.com/news/articleView.html?idxno=805

01
AI 로봇 발전사

최초의 로봇은 인간의 육체적인 노동력을 대신하기 위해서 개발되었다. 현재도 산업 · 농업 · 교육 · 헬스케어 · 수술 등에 활용되고 있으며, 더 나아가 휴대폰의 AI 비서나 챗봇을 통해서도 우리는 매일 내 손안의 AI 로봇을 경험하고 있다. 과거부터 현재까지 AI 로봇의 발전사를 정리했다.

기후 위기와 인공지능?

과거의 AI 로봇

세계 최초 로봇 중 하나로 알려진 에릭(Eric)은 1928년 런던 모형 엔지니어학회 전시회 작품이다(장길수, 2016). 에릭 로봇은 눈 안에는 전구가 달려 있고, 가슴은 철갑으로 팔과 다리는 알루미늄으로 만들어져 마치 인간의 형상을 닮은 모습이었다.

에릭보다 1년 앞선 1927년 미국의 모 전기 회사는 철판을 잘라 인간의 모습 비슷하게 생긴 텔레복스(Televox) 로봇을 만들었다(최성우, 2021). 텔레복스는 전화 원격 조작 기능과 음성 인식 제어 기능도 있었다.

미국의 원자력 분야 로봇 기술은 1940년대부터 1950년대까지, 프랑스의 원자력용 로봇은 1960년대 활발하게 개발되었다(정승호, 2006). 1962년 미국 자동차 공장의 생산 라인에 산업용 유니메이트(Unimate) 로봇이 배치되었고, 1969년에는 스탠퍼드 대학교의 연구실에서 최초의 로봇 팔이 제작되었다(최성우, 2021).

일본은 노동을 대신하는 로봇의 시초라고 할 수 있는 차 나르는 인형을 1840년대 선보였고(최성우, 2021), 1980년대 초부터 위험한 전력 작업을 대신할 수 있는 배전 선로 활선 작업용 로봇을 개발하기 시작했다(정승호, 2006).

1978년 처음으로 우리나라는 자동차 공장에 용접 로봇이 도입되어 산업화를 이끌어 왔으며(이상형 · 신희선, 2019), 2000년대 로봇 산업 육성 정책이 본격화했다(한국로봇산업진흥원, 2016).

1996년 중국은 세계 최초로 교육용 로봇을 개발했다(한국로봇산업진흥원, 2017).

1960년대부터 로봇이라는 기계 장치가 반복적인 작업을 수행하며, 주로 위험한 산업 현장 등 인간의 육체노동을 대신하기 위해 활용됐다.

2000년대 이후부터 IT와 접목한 지능형 로봇이 제조업, 서비스 등 여러 응용 분야로 진출했다. 이 시기부터 AI 머신 러닝과 접목하여 단순 명령 수행에서 더 나아가 학습으로 환경을 인식하고 스스로 반응하는 AI 로봇이 등장했다.

현재의 AI 로봇

학교 도서관에 가면 로봇 팔이 커피를 내려 주는데, 카페에서 파는 커피만큼 맛있어서 도서관 갈 때마다 로봇 바리스타를 이용하곤 한다. 테이블마다 음식을 서빙하는 로봇은 어느 식당에 가도 흔하게 볼 수 있는 일상적 광경이다.

아이로봇이라는 공상과학 영화에서 보던, 음식을 만들고 심부름 등 가사 도우미 역할을 하는 로봇이 현실에서도 나타났다(백수전, 2023). 우리에게 로봇이란 더 이상 영화에서만 보던 존재가 아니다.

최근에는 재활이나 일상 보조 역할을 하기 위해 인간 신체에 착용하는 웨어러블 로봇이 개발되었다(김보근, 2025). 중국에서는 휴머노이드 로봇이 마라톤 대회에 참가해 완주했다(이우중, 2025). 효과적으로 병을 치료하기 위해 액체로 된 체내용 로봇도 개발이 한창이다(홍아름, 2025).

인간처럼 2개 다리로 걷는 2족 보행 휴머노이드 로봇이나 인간의 표정을 따라 하는 생체 공학 로봇도 등장했다(신영빈, 2025). 미국은 강아지처럼 생긴 택배 로봇이 물건을 배송하는 등 로봇의 형태도 점차 다양해지고 있다(최성훈, 2025).

이 외에 행정안전부에서 안내하고 있는 다양한 분야의 AI 적용 사례를 정리하면 다음과 같다.

> 금융 분야는 실시간 금융 상품을 상담하는 AI 챗봇 서비스를 적용하였고, 교육 분야에서는 개인 맞춤형 AI 학습 지원 서비스를 적용한다(소순주, 2023).

공공 안전 분야에서는 AI CCTV 서비스를 도입해 교통사고나 범죄 예방을 하며, 의료 분야는 방대한 데이터인 의료 기록을 분석해서 치료 방법을 추천하거나 질병을 예측해 주는 AI 서비스를 적용할 수 있다(소순주, 2023).

AI 서비스 중에서도 가장 핫한 분야인 자율 주행 자동차에는 AI 센서를 적용하는데, AI 카메라가 센서로 주변 환경을 인식하고 장애물을 감지하는 등 안전한 주행을 돕는다(소순주, 2023).

법률 분야에 AI 판사가 도입된다면 방대한 양의 판례 데이터로 학습해서 상황이나 대상에 따라 적정한 형량을 책정할 수도 있다(소순주, 2023).

AI 로봇의 발전 속도로 미루어 학자들은 인간만이 할 수 있는 영역으로 여겨 왔던 감성 노동이나 창의적인 문제를 AI 로봇이 해결할 수 있다고 예측했다(테크트렌드, 2024).

실제로 미국에서 인간과 상호 작용을 통해 감정을 표현하고 이해하는 능력을 갖춘 최첨단 AI 감정 로봇이 출현했는데, 인간의 표정이나 음성을 종합 분석해서 위로

의 말을 건네거나 함께 기뻐하는 등 섬세한 감정을 표현한다(공병훈, 2024).

최초의 로봇은 가사 도우미와 같은 인간의 육체적 노동을 보조하기 위한 수단으로 개발되어 발전해 왔다.

최근에는 보조적인 기계 장치를 넘어 다양한 분야에서 활용되고 있으며, 앞으로 어떤 형태와 기능을 갖춘 AI 로봇이 나타날지 모를 정도로, 더욱 비약적으로 발전해 갈 것이다.

참고문헌

공병훈(2024.8.7). “인공 감정을 지닌 로봇들이 오고 있다”. 반디뉴스. https://www.bandinews.com/news/articleView.html?idxno=201

김보근(2025.6.27). “몸에 입는 ‘웨어러블 재활 로봇’, 병원의 문턱을 넘어서다”. 한겨레. https://www.hani.co.kr/arti/hanihealth/medical/1204984.html

백수전(2023.5.20). “‘가사도우미’ 일자리 잃나… 2600만원 넘는 로봇의 정체”. 한경일보. https://www.hankyung.com/article/2023051839441

소순주(2023). “인공지능 윤리원칙 분류 모형 및 윤리 측정지표 개발과 신뢰성에 관한 연구”. 성균관대학교 일반대학원 박사학위논문.

신영빈(2025.4.16). “혼자 일어서고 얼굴 표정 따라하고… 쑥쑥 크는 中 로봇”. ZDNET Korea.

https://zdnet.co.kr/view/?no=20250415160545
이상형·신희선(2019). "한국 로봇 역사를 되돌아보다(1): 차세대성장동력 지능형로봇사업". 《로봇과 인간》, 16(3), 42~57쪽.
이우중(2025.4.20). "인간처럼 달려 21㎞ 2시간 40분 만에 완주… 세계 첫 로봇 마라톤대회". 세계일보. https://www.segye.com/newsView/20250420512373
장길수(2016.5.11). "사라진 최초의 로봇 '에릭' 부활한다". 로봇신문. https://www.irobotnews.com/news/articleView.html?idxno=7522
정승호(2006). "전력 산업에서의 로봇 개발 현황". 《JOURNAL OF ELECTRICAL WORLD》, 6~11쪽. https://koreascience.kr/article/JAKO200647934318876.pdf
최성우(2021.7.23). "로봇과 사이버네틱스의 원조(3): (218) 최초의 로봇은?". ScienceTimes. https://www.sciencetimes.co.kr/nscvrg/view/menu/249?searchCategory=221&nscvrgSn=224202
최성훈(2025.5.30). ""문 앞에서 쭈그리고 툭"… 美서 로봇 택배 시작". 전자신문. https://www.etnews.com/20250529000424
테크트렌드(2024.10.24). "로봇 기술과 일자리의 미래: 최신 분석과 전망". 가젯 인사이드. https://gadgetinside.kr/%EB%A1%9C%EB%B4%87-%EA%B8%B0%EC%88%A0%EA%B3%BC-%EC%9D%BC%EC%9E%90%EB%A6%AC%EC%9D%98-%EB%AF%B8%EB%9E%98-%EC%B5%9C%EC%8B%A0-%EB%B6%84%EC%84%9D%EA%B3%BC-%EC%A0%84%EB%A7%9D/
한국로봇산업진흥원(2016.1.27). "국내외 로봇산업의 정책 및 산업 동향". https://www.kiria.org/portal/reference/portalRefTrendDet

ail.do
한국로봇산업진흥원(2017.6.30). "[RNI 17-4호] 글로벌 로봇산업 동향 (미, 중, 일, EU) 및 KIRIA 소식". http://kiria.org/portal/reference/portalRefTrendDetail.do
홍아름(2025.3.22). "액체 로봇, 암치료에 등장하나… 장애물 통과하고 흡수·합체까지". 조선일보. https://biz.chosun.com/science-chosun/science/2025/03/22/ZUBG5OLOAND7TC4KY23PCBCFEA/

02
AI 로봇 정의

인간의 생활 영역 곳곳에 AI 로봇이 활용되지 않는 분야가 없을 정도다. 따라서 AI 로봇에 대한 정확한 개념을 알고 사용할 필요가 있다. 먼저 AI에 대한 정의를 정리하고, 로봇에 대한 정의를 정리했다.

노래하는 AI 보컬?

AI란

AI란 존 매카시 박사가 1955년 학회에서 사용한 Artificial Intelligence라는 표현에서 비롯되었다(송현경 · 안성진, 2023).

유럽위원회 공동 연구센터는 AI를 복잡한 환경 속에서 데이터를 분석하고, 인식을 통해 얻은 정보와 학습된 지식을 기반으로 탐색을 수행하며, 목표 달성에 가장 적합한 행동을 자율적으로 선택·실행하도록 설계된 인간 고안의 소프트웨어 또는 하드웨어 시스템이라고 정의했다(강현구, 2021).

유럽연합(EU)의 AI 규제안에서는 AI 시스템이란 머신 러닝, 논리, 지식 기반 접근, 통계적 접근 방법 중 하나 이상을 사용해 개발된 것을 말한다. 또한 인간이 정의한 목적들을 위해 콘텐츠 생성, 예측, 추천, 의사 결정 등 시스템이 상호작용을 하는 주변 환경에 영향을 미치는 결과물을 생산할 수 있는 소프트웨어라고 정의한다(EUROPEIA, 2021).

옥스퍼드 사전은 AI 시스템에 대해 시지각, 음성 인식, 의사 결정, 번역처럼 보통 인간의 지능을 요구하는 임무를 해낼 수 있는 컴퓨터 시스템 이론이라 정의하고 있다.

여러 학술적인 의미를 정리해 보면 AI란 인간 사회의

수많은 데이터를 토대로 합리적이라고 판단되는 결과물을 자율적으로 산출하는 시스템이란 의미로 사용됨을 알 수 있다.

로봇이란

TV 예능 프로그램에서 로봇과 대화하는 연예인의 모습이 나왔는데 반려 로봇이라는 단어가 생소하지 않을 만큼 가정용 로봇이 보편화되어 가는 듯하다.

반려 동물도 귀엽게 보여야 키우고 싶은 마음이 드는 것처럼, 로봇 또한 똑똑한 지능 외에 귀여운 모습까지 갖추고 있어야 판매로 이어지는 경쟁력이 있는 것 같다(송현경, 2024.1.28).

국제로봇연맹(IFR)의 지능형 로봇 분류 기준은 로봇을 산업용 · 서비스용 · 기타로 구분하는데, 주로 공장에서 물품을 조립하거나 제조하는 데 사용하는 로봇은 산업용으로 분류된다(송현경, 2024.1.28). 물건 배달 로봇이나 가사 도우미 로봇은 서비스용으로 분류할 수 있고, 반려 로봇은 기타로 분류된다(송현경, 2024.1.28).

로봇(Robot)이라는 단어는 강제 노역을 뜻하는 체코어 로보타(robota)에서 유래되었고(이준복, 2009), 체코 극작가 카렐 차페크가 인공 노예의 강제 노동을 의미하는 로숨의 이야기를 소설화하고, 1920년 희곡화한 〈로숨의 유니버설 로봇〉에 처음 등장했다(송현경, 2024.2.18).

로봇은 여러 센서와 모터로 이루어져 있다. 주위 환경으로부터 시각적 표현을 검출하는 센서, 물체와의 접촉을 감지하고 음성이나 빛을 감지하는 센서 등이 있으며, 회전이나 위치를 제어하는 모터 등으로 이루어져 있다(송현경, 2024.2.18).

이미지 센서는 영상 인식 소프트웨어로 얼굴 · 물체를 인식해서 시각화된 이미지를 제공하며, 터치 · 압력 센서는 다른 물체와의 충돌 방지를 위한 물체 포착에 활용된다(송현경, 2024.2.18). 마이크로폰은 인간과 로봇의 상호 작용을 지원하며, 라이더 센서는 충돌 방지를 위해 내비게이션 기능으로 활용된다(송현경, 2024.2.18). 이외에도 로봇은 시스템과 기계를 움직이고 제어하는 작동 장치, 전원 공급 장치, 기계 회전 운동에 필요한 전기를 기계 에너지로 변환하는 전기 모터 등으로 구성돼 있다(송현경, 2024.2.18).

로봇은 프로그래밍된 자동화 시스템으로 상자 포장, 자재 운반, 청소 등 인간의 노동을 대체하기 위해서 개발된 것이다(송현경, 2024.2.18).

지능형 로봇(Intelligent Robots)은 육체적으로 고된

노동을 더욱 스마트하게 하기 위해 개발되었다(송현경, 2024.2.18). 지능형 로봇 개발 및 보급 촉진법은 외부 환경을 스스로 인식하고 상황을 판단하여 자율적으로 동작하는 기계 장치와 그 작동에 필요한 소프트웨어를 '지능형 로봇'으로 정의했다(국가법령정보센터, 2023).

지능형 로봇이 로봇과 다른 점은 스스로 상황을 판단하는 기능과 자율 동작 기능이 추가된 것이다(송현경, 2024.2.18). 로봇이나 지능형 로봇이 인간의 노동을 대체 · 보조하는 기계 장치라면, AI는 인간의 지능을 모방하는 시스템이다(송현경, 2024.2.18).

AI 로봇이란

음성 인식 스마트폰이나 생성형 챗봇이 대표적 AI이며, AI 소프트웨어를 탑재하여 지능적 서비스를 하는 로봇을 AI 로봇이라고 한다(송현경, 2024.1.28).

AI 기술이 발전하면서 로봇의 자율성 또한 향상되고 있다. AI와 결합한 형태로 구현된 기계 장치가 외부 요인 또는 자신의 판단으로 자율적으로 반응하는 것을 AI 로봇이라 한다(송현경 · 안성진, 2023). 최근 상용화되는 로봇은 AI 소프트웨어나 하드웨어를 탑재하고 있기 때문에 대부분 AI 로봇이라 정리할 수 있다.

인간의 얼굴, 팔 등 신체에 AI 로봇 기체가 결합한 것은 사이보그이며, 인간과 똑같은 모습으로 만든 안드로이드(Android)와 구분된다(송현경, 2024.2.18). 안드로이드는 인간과 비슷한 신체 구조로 되어 있어 AI 뇌가 있고, 스스로 판단하고 걷고 뛰는 등 인간처럼 똑같이 할 수 있는 대표적 AI 로봇이다. 휴머노이드(humanoid)는 인간의 신체처럼 머리 · 몸통 · 팔 · 다리가 있는 인간과 유사한 형태의 로봇을 뜻한다(송현경, 2024.2.18).

안드로이드 및 휴머노이드와 사이보그의 차이는 인간의 신체가 조금도 결합하지 않았다는 점이며, 안드로이드와 휴머노이드는 외모도 인간과 똑같이 생겼는지 형태만 유사한지가 차이점이다(송현경, 2024.2.18.). 사이보그 · 안드로이드 · 휴머노이드와 함께 살아갈 세상이 다가오니, 개념을 정확하게 알 필요가 있다(송현경, 2024.2.18).

참고문헌

강현구(2021). "인공지능의 법적정의와 인공지능기술 발달에 따른 국가의 기본권 보호의무". 《헌법재판연구》, 8(2), 29~64쪽. https://doi.org/10.35215/JCJ.2021.8.2.002

국가법령정보센터(2023.5.16). "지능형 로봇 개발 및 보급 촉진법". https://law.go.kr/%eb%b2%95%eb%a0%b9/%ec%a7%80

%eb%8a%a5%ed%98%95%eb%a1%9c%eb%b4%87%ea%b0%9c%eb%b0%9c%eb%b0%8f%eb%b3%b4%ea%b8%89%ec%b4%89%ec%a7%84%eb%b2%95

송현경·안성진(2023). "AI 로봇의 위험성 예방을 위한 측정지표에 관한 연구". 《인터넷정보학회논문지》, 24(3), 27~41쪽. http://dx.doi.org/10.7472/jksii.2023.24.3.27

송현경(2024.1.28). ""로봇" - "지능형 로봇" - "인공지능 로봇"의 차이점을 아시나요?". 연구하는 박사 공직자의 네이버 블로그. https://blog.naver.com/onlyone_teacher/223336621522

송현경(2024.2.18). ""사이보그, 휴머노이드, 안드로이드"의 개념과 차이를 아시나요?". 연구하는 박사 공직자의 네이버 블로그. https://blog.naver.com/onlyone_teacher/223357625912

송현경(2024). "인공지능 로봇의 위험성 유형별 측정지표 개발과 인공지능 윤리원칙 관계성 연구". 성균관대학교 일반대학원 박사학위논문. https://dcollection.skku.edu/common/orgView/000000178190

이준복(2009). "로봇기술의 발전과 건설자동화기술의 미래". 《한국건설관리학회 학회지》, 10(5), 5~8쪽. https://koreascience.kr/article/JAKO200935736657671.pdf

Europeia, C.(2021). Proposal for a Regulation on a European approach for Artificial Intelligence. Comissao Europeia. 이해원 옮김(2024). 《유럽연합 인공지능법: 주요 내용과 시사점》. 스타트업얼라이언스 https://whatnext.law/2021/05/05/proposal-for-a-regulation-on-a-european-approach-for-artificial-intelligence-an-overview-pt/ https://www.datocms-assets.com/45669/1714378144-240429-4.pdf?utm_source=chatgpt.com

03
AI 로봇의 인간 신체 위협

AI 로봇은 인간과 협동 작업을 하고, 인간의 신체에 착용되는 등 물리적으로 밀접하게 결합한 형태로 활용된다. AI 로봇은 AI나 로봇의 문제점을 모두 가질 수 있으며, 로봇에는 AI의 판단이나 외부의 개입 또는 여러 가지 오류로 인한 문제점이 발생할 수 있다. 따라서 AI 로봇의 인간 신체에 대한 위험성을 사전에 측정하여 안전하게 사용할 수 있는 측정 지표의 필요성을 역설하고자 한다. AI 로봇이 인간 신체에 미치는 위험 사례를 정리했다.

인공지능과 편향?

만질 수 없는 물리적 실체가 없는 가상 시스템과는 다르게, AI 로봇은 만질 수도 있고 인간 신체와 매우 밀접한 형태로 존재한다. 산업, 제조 등 분야 이외에 아직 일상생활에서 AI 로봇을 접할 기회가 많지 않기 때문에 사람과 관련된 사고도 많지 않다. 하지만 AI 로봇의 특성상 인간과의 친밀감을 위해 악수나 포옹하는 상황이 생겼을 때, AI 로봇이 힘을 조절하는 데 실패하면 인간 신체에 과도하게 물리적 힘을 줘서 상해를 입힐 수도 있다.

실제 AI 로봇이 수술하다 신체를 손상하거나, 어린이 손가락을 체스 게임의 말로 오인해 손가락을 집어 부러뜨린 사례가 있었으며, 기계 오작동으로 곰 퇴치 에어로졸을 인간에게 분사해 호흡에 지장을 일으킨 사례도 있다(송현경 · 안성진, 2023). 에스컬레이터에서 로봇이 넘어지거나 주행 중 갑자기 경로를 잘못 들어 인간과 충돌하여 다치게 하는 등 인간 사회에서 로봇의 출현으로 인한 사고는 언제든지 일어날 수 있다(박성은, 2021).

1979년 미국의 공장에서는 부품 적재용 로봇이 인간을 강타해서 사망하는 사고가 있었는데, 이는 로봇으로 인한 인간 최초의 사망 사고라 회자한다(wikipedia). 1981년 일본에서는 정비하던 인간을 로봇이 실수로 밀면서 끼임 사고로 사망에 이르게 한 사례가 발생했다(Vilches, 2019). 우리나라에서도 로봇 센서의 작동 여부를 확인하던 직원을 상자로 오인한 로봇의 팔에 눌려 해당 직원이 숨지는 사고가 발생하기도 했다(김준호 · 김정엽, 2024).

이렇게 로봇이 유발하는 인간 신체에 대한 사고는 산업이나 제조 현장에서 발생하는 경우가 많다. 2020년부터 2023년 8월까지 한국산업안전보건공단 자료에 따르면 우리나라에서 산업용 로봇에 의한 사고로 사망자는 10명에 달한다(이준영, 2025).

AI 로봇 개발 분야 선도국인 중국에서는 관람객이 로봇에게 악수를 청했는데 갑자기 로봇이 위험하게 팔을 휘둘러 사고가 날 뻔했음에도 제작사 측에서는 프로그램 설정 또는 센서 오류로 인한 사고였다고 해명만 하고 지나가는 일도 있었다(이상규, 2025).

발생할 수 있는 위험과 측정 지표의 필요성

이 외에도 AI 로봇을 장기간 사용하다 보면 기체가 마모되어 성능도 저하될 수 있고, 구동하던 소프트웨어가 단종되는 등 제 기능을 하지 못해 인간에게 해를 가할 위험성도 있을 것이다(송현경, 2024). AI 로봇이 도로에서 자율 주행을 하는 중, 인명 사고가 불가피한 상황에서 희생의 대상을 선택하는 판단 시 윤리적 오류를 범할 위험성도 충분히 존재한다(송현경, 2024).

병원 · 약국 등 의료 현장에도 로봇이 도입되고 있는데, 잘못된 판단으로 인간의 생명을 위태롭게 만드는 의학적 처방을 할 위험성도 AI 로봇의 오류 등으로 발생할 수 있다(송현경, 2024).

직접적인 문제 외에도 AI 로봇이 출혈을 악화하는 약을 처방한다거나 챗봇이 우울증 있는 청년과 대화 중에 자살을 추천하는 등 간접적으로 인간의 신체에 대한 위험을 초래하기도 한다(송현경, 2024).

머지않은 미래 2034년을 배경으로 휴머노이드와 함께 사는 세상을 주제로 한 〈아이로봇〉이라는 영화가 있다. 영화에서는 집집마다 개인 비서 겸 가사 노동을 하는 휴머노이드를 두고 있다. 천식 환자였던 인간이 바쁘게 출근을 하는 중 집에서 챙겨 나오지 못한 가방을 떠올린다. 그 시각 집에서는 휴머노이드가 집 안 청소를 하고 있다. 인간이 휴머노이드에게 연락을 해 현재 위치를 공유하면서 호흡기가 들어 있는 가방을 가져다달라고 한다. 휴머노이드는 급한 연락을 받고 인간에게 가방을 가져다주러 밖으로 나온다(명영화, 2024.8.24). 인간의 명령대로 빠르게 가방을 가져다주는 목적 수행을 위해 속도를 내었고, 가방을 들고 달려가는 휴머노이드를 소매치기로 오해한 형사에 의해 넘어지게 된다.

만약, 휴머노이드가 빨리 가방을 가져다주지 않으면 인간 주인이 호흡이 곤란해져 목숨이 위험할 수 있어 인간 주인을 살리려는 목적 수행을 위해 정당방위라는 법률적인 계산을 통해 자신을 덮치는 형사를 밀쳤다면? 휴머노이드는 쇳덩어리 기계 장치여서 인간을 살짝 스치고 지나가기만 해도 인간에게는 큰 위협이 되며 정당방위를 넘어서 상해를 입힐 수 있다.

앞으로 휴머노이드와 함께 사는 미래 사회에서는 휴머노이드로 인한 여러 가지 위험 상황과 윤리적 문제가 일상적으로 일어날 수 있다. 이 경우, 휴머노이드를 구매한 인간에게 형사에 대한 상해 또는 과실치상의 책임을 물어야 하는지, 휴머노이드를 제작하고 판매한 제조사에게 배상 책임을 물어야 하는지에 대한 논란이 생길 것이라는 것은 충분히 예상되는 시나리오다.

인간이 편리한 생활을 영위하기 위해 개발, 도입한 AI 로봇을 안전하게 사용하려면 이와 관련된 인간의 신체에 대한 위협을 사전에 방지하여야 한다. 따라서 안전하게 AI 로봇을 사용하기 위해서 인간 신체에 미치는 위험성을 측정할 지표가 필요하다.

참고문헌

김준호·김정엽(2024.1.18). “로봇이 사람 잡는 시대… 박스로 착각해 짓눌렀다”. 조선일보.
https://www.chosun.com/national/2023/11/09/YCVUYGU3PFC3RNSRVWUORNMJ3M/

명영화(2024.8.24). 인간에게 전쟁을 선포한 로봇, youtube.
https://www.youtube.com/watch?v=x1ZB5XfIbjc

박성은(2021.9.1). “AI도 실수 많이 한다… AI가 실패한 최신 사건 10가지”. AI TIMES.
https://www.aitimes.com/news/articleView.html?idxno=135396

송현경·안성진(2023). “AI 로봇의 위험성 예방을 위한 측정지표에 관한 연구”. 《인터넷정보학회논문지》, 24(3), 27~41쪽.
http://dx.doi.org/10.7472/jksii.2023.24.3.27

송현경(2024). “인공지능 로봇의 위험성 유형별 측정지표 개발과 인공지능 윤리원칙 관계성 연구”. 성균관대학교 일반대학원 박사학위논문.
https://dcollection.skku.edu/common/orgView/000000178190

이상규(2025.3.3). ““악수 청했는데 갑자기”… 인간 공격한 1억 3천만 원짜리 로봇의 정체”. 매일경제.
https://www.mk.co.kr/news/world/11254085

이준영(2025.1.18). “‘산업용 로봇의 역습’… 2020년부터 전국 로봇사고 사망자만 10명”. 연합뉴스.
https://www.yna.co.kr/view/AKR20250117120200052

Vilches, V. M.(2019.9.23). Robot hazards: from safety to security.

Alias Robotics.
https://news.aliasrobotics.com/robot-hazards-from-safety-to-security-2/?utm_source=chatgpt.com
Wikipedia. Robert Williams(robot fatality)
https://en.wikipedia.org/wiki/Robert_Williams_%28robot_fatality%29?utm_source=chatgpt.com

04
AI 로봇의 인간 권리 침해

AI 시스템을 장착한 로봇에는 AI로 인한 위험성이 존재한다. 국가인권위원회도 AI로 인해 침해될 수 있는 인간의 존엄성 및 기본권 등을 보장할 수 있도록 인권 가이드라인을 제시했다. 이는 AI 로봇이 인간 권리를 침해할 위험성이 있음을 의미한다. 이 장에서는 AI 로봇의 인간 권리 침해에 관한 위험 사례를 정리했다. 또한, AI 로봇의 인간 권리 침해에 대한 위험성 측정 지표에 대한 필요성을 언급했다.

청각장애인과 AI?

인간 권리 침해에 관한 위험성 사례

스마트폰의 음성 인식 서비스나 생성형 AI 업무 적용 등 AI의 활용도가 높아짐에 따라 AI 시스템이 인간의 일상을 바꿔 놓고 있다. 앞으로 AI 로봇은 상상 이상으로 발전할 것이며, 공상과학 영화처럼 원하는 곳 어디든 데려다 줄 수 있는 AI 로봇도 출현할 것이다. 하지만 AI 로봇의 발전에는 이러한 순기능만 있는 것은 아니다.

AI가 인간의 명예를 훼손하거나 차별적인 발언을 하거나, 정보를 유출하는 등 인간 권리에 미치는 위험성 사례를 다음과 같이 정리했다.

> AI 시스템이 인간의 사진을 고릴라로 분류 인식하고, 챗봇이 대화 중, 종교나 인종 등 차별적인 발언을 한 사례들이 있었다(조은별, 2023).

> 모 회사에서 인력을 채용할 때 AI 시스템을 도입했는데, 모든 지원자의 채용 서류를 분석해서 남성만 추천한 성 차별적인 사례도 있었다(송현경 · 안성진, 2023).

> 성별을 식별하는 AI 플랫폼이 '교수'라는 단어를 입력하면 98.4%로 남성으로 예측하고, '어리석다'라는 단어에 대해서

는 61.7% 여성이라고 예측했다(박성은, 2021). 또한, 여성 이름 옆에 '박사'라는 단어를 추가하면 남성으로 평가하는 등 성 차별적인 결과를 내놓으면서 서비스를 종료한 사례도 있다(박성은, 2021).

축구 경기장에서 도입한 AI 시스템이 인간 대머리를 보고 축구공으로 인식하기도 하고, 집에서 사용하는 AI 음성 비서 시스템이 가족 간의 대화를 명령으로 오인해서 내밀한 가족 간 대화를 녹음해서 제3자에게 임의로 전송하는 사례도 있었다(송현경 · 안성진, 2023).

영국에서는 몇몇 기차역에 AI 카메라를 설치해, 시민의 사적 데이터 수집 및 제공에 대한 동의 없이 민감 정보를 광고주들에게 제공했다는 시민단체의 폭로가 있었다(AI리포터, 2024). 승객들의 연령 · 성별 등 인구 통계 특성 외에도 배고픔을 느끼는지, 기쁨 · 슬픔 등 사적인 감정이나 기분까지 파악했던 것으로 드러났다. 이처럼 기차 무단 이용 등의 불법 행위를 예방하기 위한 공공 목적이 아닌 AI를 통한 과도한 정보 수집은 사생활을 침해하는 것으로 오남용이 될 경우 심각한 사회적 문제가 될 수 있다.

최근 가짜 뉴스 등 조작된 정보를 제공하고, 딥페이크로, 목소리를 속인 보이스 피싱 등 범죄에 악용되는 사례도 발생하고 있다(조은별, 2023). 정치인 · 언론인 · 연예인의 음성을 조작하고, 사진 합성, 영상 제작 등 AI 기술을 악용해서 거짓 정보의 가짜 콘텐츠를 유포해 음성권, 성명권, 초상권 등을 침해당한 피해 사례도 있다(박재령, 2025).

AI 로봇은 인간의 모습뿐만 아니라 말투와 몸짓, 취향, 건강 등의 정보를 가지고 있어 바이러스 침투, 해킹 등에 의한 개인 정보 유출 위험성이 있다(송현경, 2024.6.13).

딥페이크 봇이 가짜로 만든 나체 사진을 유포해서 미성년자를 포함한 10만 명 넘는 전 세계 여성들이 피해를 본 충격적 사건도 있었다(박성은, 2021).

우리나라 모 기업의 공장에서는 AI 시스템을 기반으로 한 CCTV 카메라를 부착한 이동식 순찰 로봇 개를 사고 예방 등 목적으로 도입했다고 했다. 하지만 노조 측은 노동자의 근로 시간 준수 여부 등을 감시하는 데 사용된다며 인권 침해를 이유로 반대하기도 했다(최서은, 2025).

검색에서 발생 가능한 위험

최근 생성형 AI 사용자가 증가하면서 업무, 학업, 개인적인 궁금증 등 다양한 질문을 함으로써 정보를 얻으려는 사례를 심심치 않게 찾아볼 수 있다.

이런 일상적인 정보 검색에서 만약 인간이 어떤 선택에 앞서 판단을 위해 자료 분석 결과를 요청했을 때, AI가 특정인이나 특정 성별에 유리하게 작용할 수 있는 결과를 도출할 위험성이 존재한다(송현경, 2024). 편향적 학습 데이터로 특정 성별이나 특정 집단이 우월하게 보일 수 있는 정보들을 객관적인 수치로 제공해 자료의 신뢰를 갖게 함으로써 왜곡된 가치 판단을 하게 할 위험성도 있다(송현경, 2024).

생성형 AI에게 자료 검색을 요청했는데 그럴듯한 답변 자료를 도출해 줬지만, 그 내용들이 실제로는 존재하지 않는 가짜 정보였음을 저자도 경험했다. 독자들이 생성형 AI를 활용해서 논문을 쓴다거나 업무를 할 때 자료를 참고는 하되, 실제로 존재하는 자료인지 아닌지를 재확인할 필요가 있음을 권장한다.

이 장에서는 인간 권리를 침해할 수 있는 AI 로봇의 위험성에 대해서 다루고 있지만, 머지않은 미래에는 인간과 AI 로봇의 사회적인 갈등이 문제가 될 수도 있을 것이다.

디트로이트 비컴 휴먼이라는 온라인 게임에서는 형사에게 추격당하는 안드로이드가 살아남기 위해서 거짓말을 하고 권리를 주장한다(이수진, 2020). 이렇게 인간과 로봇의 두 집단 간 권리 충돌이 AI 로봇이 본격적으로 출현하는 새로운 시대가 도래하면 사회적 갈등으로 나타날 수도 있다. 우리는 이러한 사회적 문제들을 예측해서 법, 규제, 규범 등 안전 장치를 만들어 놓아야 한다. 가장 먼저 AI 로봇과 관련된 인간의 권리 침해를 예방할 수 있는 위험성 측정 지표를 법, 규제, 정책에 적용하는 방안을 마련할 필요가 있다.

참고문헌

박성은(2021.9.1). "AI도 실수 많이 한다… AI가 실패한 최신 사건 10가지". AI TIMES. https://www.aitimes.com/news/articleView.html?idxno=135396

박재령(2025.10.29). 김어준·유시민 사칭 AI 딥페이크 기승…40만 조회수 영상도, 미디어오늘. https://www.mediatoday.co.kr/news/articleView.html?idxno=329765

송현경(2024). "인공지능 로봇의 위험성 유형별 측정지표 개발과 인공지능 윤리원칙 관계성 연구". 성균관대학교 일반대학원 박사학위논문. https://dcollection.skku.edu/common/orgView/000000178

190
송현경(2024.6.13). “사랑하는 가족을 대신하는 인공지능 로봇과 살아갈 수 있을까?”. 연구하는 박사 공직자의 네이버 블로그. https://blog.naver.com/onlyone_teacher/223478588345
송현경·안성진(2023). “AI 로봇의 위험성 예방을 위한 측정지표에 관한 연구”. 《인터넷정보학회논문지》, 24(3), 27~41쪽. http://dx.doi.org/10.7472/jksii.2023.24.3.27
이수진(2020). “인터랙티브 무비의 종단과 횡단의 플레이 : 〈디트로이트 비컴 휴먼〉을 중심으로”. 《인문콘텐츠》, 59, 219~241쪽. https://doi.org/10.18658/humancon.2020.12.219
전미준(2022.5.17). “국가인권위, 인공지능 사용에 인간의 존엄성·기본권 보장해야… AI 개발과 활용에 관한 인권 가이드라인 제시”. 인공지능신문. https://www.aitimes.kr/news/articleView.html?idxno=25047
조은별(2023.9.11). “AI 딥페이크 보이스피싱, 알고 대처하자!”. 전남투데이. https://www.jntoday.co.kr/news/article.html?no=151268
최서은(2025.10.29). [단독] 감시카메라 넘어 ‘로봇개’로 감시…“안전 책임전가, 인권침해” 비판, 경향신문. https://www.khan.co.kr/article/202510292000001
AI리포터(2024.6.20). 승객 기분까지 수집하는 AI 카메라 … 영국서 '인권 침해' 논란, Digital Today. https://www.digitaltoday.co.kr/news/articleView.html?idxno=522087

05
AI 로봇의 재산상 손해 유발

AI 로봇으로 인한 재산상 손해가 발생할 때 불법 행위 책임에 대해 연구한 논문은 수년 전에도 있었다. 그동안 AI 로봇에 관한 연구는 법학 분야에서 활발하게 이루어져 왔다. 현대 사회에서 AI 로봇은 모든 분야에 걸쳐 도입되고 있으며, 자율 판단에 의한 행위 문제 또한 점점 커질 것이다. 따라서 그에 따른 재산상 위험도 커질 것이다. AI 로봇의 재산상 손해 유발 사례가 어떤 것이 있는지를 정리했다.

AI 콘텐츠 크리에이터?

재산에 대한 AI 로봇의 위협

AI 로봇으로 인한 재산상 손해가 발생할 때 불법 행위 책임에 대해 연구한 논문은 수년 전에도 있었다. 그동안 AI 로봇에 관한 연구는 법학 분야에서 활발하게 이루어져 왔다. 현대 사회에서 AI 로봇은 모든 분야에 걸쳐 도입되고 있으며, 자율 판단에 의한 행위 문제 또한 점점 커질 것이다. 따라서 그에 따른 재산상 위험도 커질 것이다.

로봇까지 아니더라도 AI 기술을 이용한 범죄는 벌써 시작되었다. 대표적으로 딥 러닝 음성 합성 기술을 악용한 보이스 피싱 사기는 점점 더 기승을 부리고 있다(류영상, 2023). AI 시스템이 전화 통화에서 자녀의 목소리를 똑같이 따라 하며 사고가 났다고 거짓말을 하고 돈을 보내 달라는 수법으로 피해자를 속인 것이다.

범죄 조직에서 AI 기술로 유명 연예인을 사칭하는 광고를 해, 피해자들에게 금품을 요구하거나 금전적 이익을 취득하는 사기 수법도 있다(박서연, 2025). 이렇게 최근에는 AI 기술이 재산상 막대한 피해를 유발하는 보이스 피싱 범죄에 악용되기도 한다. 따라서 SNS 등 미디어 매체상에서 검색된 정보의 진위 확인에 대한 개인의 각별한 주의가 필요하다.

AI가 로봇에 탑재된다면 또 어떠한 문제를 일으킬 것

인가? 앞으로는 예측하지 못할 만큼 많은 문제가 일어날 수 있다. 발생할 수 있는 재산상 위험 사례에는 어떠한 것들이 있는지를 정리했다.

AI 로봇이 집에서 청소하다 실수로 집주인이 가장 아끼던 가구를 부순다거나 그릇을 깨뜨려 재산상 손해를 발생시킬 수도 있다. 가정에서 사용하는 여러 형태의 AI 로봇이 오작동이나 전기 과부하를 일으켜서 과열로 화재가 발생하는 등 재산 손실이나 재물 파손의 위험성도 있다(송현경, 2024). 가정용 로봇 청소기가 주위의 장애물 탐색에 오류가 나거나 작동 이상이 발생하면 카펫을 손상하거나 도자기 등 물건을 깨뜨리는 사고를 일으키기도 한다.

악의적 목적이 있는 누군가의 프로그램 설계 또는 해킹으로 재테크 상담 인공지능 서비스가 주식이나 부동산 투자에 실패를 유도할 수도 있다. AI가 수집한 데이터를 특정 집단이 자신들의 이익을 위해서 임의 조작하거나 담합을 이끌어 금융 자산을 빼낼 위험성도 발생할 수 있다(송현경, 2024).

전산 오류로 잘못된 정보를 제공하여 착오 거래를 하게 함으로써 재산에 손실을 입힐 위험성도 있다(송현경, 2024).

2021년 외국의 온라인 부동산 기업은 AI가 알고리즘 오류를 일으켜, 주택 구매에 실수를 범하게 돼 회사 인력을 감축하는 막대한 재산 손해를 입었다(Olavsrud, 2022).

내비게이션 프로그램이 업데이트되지 않은 상태에서 AI 로봇이 자율 주행으로 운행하다, 훨씬 가까운 길이 생겼음에도 더 먼 길로 주행하도록 안내해서 연료를 더 많이 쓰게 함으로써 불필요한 비용을 쓰게 될 수도 있다.

얼마 전 생성형 AI인 챗GPT가 개인 사진을 업로드하면, 지브리풍이나 디즈니풍 등 인기 애니메이션으로 그림을 변환해 주는 것이 선풍적 인기를 끌기도 했다(선재관, 2025). 이에 대해 애니메이션 등 창작 분야에서는 AI의 모방 또는 창작 활동으로 인한 지식 재산권 인정 문제나 저작권 침해 등 심각한 피해를 우려한다(선재관, 2025).

휴머노이드와 함께 살아갈 머지않은 미래를 그려 낸 소설이 있다. '다정한 기계와 동행'이라는 제목의 소설에는 휴머노이드가 보행 중 길에 떨어진 지갑을 줍는 장면이 나온다(소순주, 2025). AI 알고리즘이 '주인 없는 물건 발견'으로 표시했음에도, AI 윤리 프로토콜은 분실물 습득에 대한 어떠한 행동 지침도 제시하지 않았으며, 데이터를 검색했음에도 반환해야 한다는 규칙을 찾지 못해 소유자 미상인 지갑을 몸속 캐비닛에 보관한다(소순주, 2025). 해당 책에서는 소유자 미상의 습득물을 어떻게 처리할지에 대해 제조사의 설계나 학습 데이터에 문제가 있을 수 있고, 알고리즘 설정 기준에 편향성이라는 윤리적인 문제가 있음을 제기한다.

대응책

AI 로봇에 의한 재산 침해에 대해서는 불법 행위 책임 등 법률 분야 연구가 활발했지만, AI가 다양한 분야에 적용되면서 보이스 피싱이나 저작권 등의 여러 가지 관련 문제가 있음을 알 수 있다. 휴머노이드가 길에서 습득한 지갑을 합법적으로 처리하지 못한 사례는 실제로 휴머노이드와 함께 살아가는 시대가 되면 얼마든지 발생할 수 있다. 그러므로 현행 법규 등 최신화된 학습 데이터로 수시 업데이트하거나 윤리적인 기준을 명확하게 설정해 주는 것이 중요하다.

앞으로 점점 더 AI 로봇이 다양한 분야에 도입될 것이므로 어떠한 재산상의 문제가 발생할지 예측하고 대비해야 할 것이다. 따라서 AI 로봇의 재산상 위험을 예측해서 측정할 수 있는 표준화된 윤리 및 안전성 기술 지표가 필요하다.

참고문헌

류영상(2023.7.15). ""AI에 3억원 털렸다"… 부모도 감쪽같이 속이는 AI 보이스피싱, 대처는". 매일경제. https://www.mk.co.kr/news/economy/10785582

박서연(2025.10.24). "이정재 사칭해 5억원 편취, 침착맨 사칭광고… 유명인 AI 조작 '심각'", 미디어오늘. https://www.mediatoday.co.kr/news/articleView.html?idxno=329655

선재관(2025.4.1). "챗GPT '지브리풍' 그림 열풍, 저작권·차별 논란 확산". 아주경제 이코노믹 데일리. https://www.economidaily.com/view/20250401080057445

소순주(2025.9.20). 《다정한 기계와 동행(AI 시대를 살아갈 우리의 가까운 미래 이야기)》. 모두의 라온.

송현경(2024.2). "인공지능 로봇의 위험성 유형별 측정지표 개발과 인공지능 윤리원칙 관계성 연구". 성균관대학교 일반대학원 박사학위논문. https://dcollection.skku.edu/common/orgView/000000178190

오병철(2017). "인공지능 로봇에 의한 손해의 불법행위책임". 《법학연구》, 27(4), 157~231쪽. https://doi.org/10.21717/ylr.27.4.5

Olavsrud, T.(2022.4.19). "'돈 잃고 평판 망치고'… 악명 높은 'AI 재난' 7선". CIO. https://www.cio.com/article/3516670/%eb%8f%88-%ec%

9e%83%ea%b3%a0-%ed%8f%89%ed%8c%90-%eb%a7%
9d%ec%b9%98%ea%b3%a0%c2%b7%c2%b7%c2%b7-%e
c%95%85%eb%aa%85-%eb%86%92%ec%9d%80-ai-%ec
%9e%ac%eb%82%9c-7%ec%84%a0.html

06
AI 로봇의 사회적 문제

AI 로봇이 사회에 미치는 영향에 대해 누군가는 일자리 감소를 걱정하기도 한다. 하지만 정작 더 큰 문제는 AI가 거짓 정보를 생산해서 유포하는 등 사회 전체를 혼란에 빠뜨릴 위험이다. AI 로봇의 사회적 위험 사례에 대해 정리했으며, AI 로봇의 사회적 위험을 측정할 수 있는 지표의 필요성을 강조했다.

AI와 민주주의?

시작된 변화

2016년 AI 알파고가 바둑의 신으로 불리던 이세돌을 이긴 장면이 전 세계적으로 화제가 됐다. 이 사건을 두고 바둑계에서는 바둑이라는 예술 분야에 AI가 도입되면서 바둑이 스포츠로 바뀌었다는 말이 언급되었다고 한다(인지현, 2025).

최근 알파고 개발자는 AI 기술이 잘못 사용될 가능성을 우려한다며 악의적인 사용자가 이 기술을 해로운 목적으로 전용할 수 있다고 우려했다(박선민, 2025). 또한 인간 수준의 지능을 갖춘 AI를 통제할 안전장치가 부재할 가능성을 매우 위험하다고 했다(박선민, 2025).

AI 로봇은 필요한 데이터를 직접 수집해서 학습하고 자율적으로 판단할 수 있기 때문에 프로그래밍한 대로 행동하지 않을 수 있으며, 인간의 명령이나 예측에서 벗어나는 말을 하기도 한다.

2023년 최초로 AI 로봇들이 기자회견을 했는데, 한 기자가 휴머노이드에게 'AI가 인간보다 나은 결정을 할 수 있느냐'고 질문하자, AI 로봇은 인간 지도자보다 더 높은 수준의 효율성을 가지고 이끌어 갈 잠재력을 지녔다고 생각한다고 답변했다(최윤정, 2023). 예상치 못한 답변에 제작자가 휴머노이드에게 반론을 제기하자, 눈치껏

'인간과 로봇이 함께 일하면 시너지 효과를 낼 수 있다고 생각한다'고 급히 답변을 정정하기도 했다(최윤정, 2023). 단순 작업을 반복하는 기계에 불과한 로봇이 AI 시스템을 장착하자, 인간과 공생하는 존재가 되는 현실이 다가왔음을 보여 준다(최윤정, 2023).

AI의 대부라고 불리는 제프리 힌턴은 10년 이내에 인간을 죽이는 로봇이 등장할 것이라며, 기후 변화를 막기 위해서 인간을 배제할 수도 있다고 경고했다(김재섭, 2024).

또한, 카페 · 음식점에 키오스크와 서빙 로봇이 도입되면서 고용이 감소되었다. 제조 공장에 AI 시스템이나 로봇이 도입되면 위험한 업무에서 인간을 배제할 것이며, 배송 업체에서도 더 많은 물품의 빠른 배송을 위해 로봇을 활용하는 사례가 많아질 것이다.

은행원, 회계사, 사무직, 배송기사, 서비스직, 법률가 등의 많은 직종이 AI로 대체될 것이라는 이슈도 이와 무관하지 않다. 그동안 이 세상은 인간 위주로 문명이 발달해 왔기 때문에 대부분은 AI 로봇으로 인한 인간의 일자리 감소를 가장 걱정한다. 하지만 AI가 여러 분야에 도입되면서 예술의 스포츠화처럼 인간의 문명은 본질 자체가 바뀌고 있으며, 이미 그 변화는 시작되었다.

앞으로 AI 도입으로 인해 변화하는 사회에 적응하는 인간들만이 AI와의 생존 경쟁에서 살아남을 것이며, 우리 스스로 변화에 대비해야 한다.

AI 로봇의 사회적 문제

위의 사례 이외에도 AI나 로봇으로 인한 사회적 위험 사례는 몇 가지 더 있다.

CCTV 시스템으로 지나가는 불특정 다수 행인의 정보를 수집할 수도 있으며, AI와의 연애로 마음에 상처를 입은 인간 이야기는 더 이상 영화나 소설에서의 주제가 아닌 현실이 될 수 있다(송현경 · 안성진, 2023).

또한, AI 로봇이 자율 주행 중에 유도 차선 인식에 실패해 중앙 분리대와 부딪히는 사고를 일으켜 공용물을 파손할 수도 있다(송현경 · 안성진, 2023). 통신 장애나 프로그램 오류 등으로 인해 도로에서 교통 혼잡을 유발하거나 다른 차량의 통행을 방해할 위험성도 있다(송현경, 2024).

사실이 아닌 내용을 만들어 뉴스나 기사로 배포하거나 허위 정보를 생성하여 제공하는 등 사회 전체를 혼란에 빠뜨리게

할 위험성도 있다(송현경, 2024).

머지않은 미래에는 서로 다른 AI 로봇들이 같은 목적을 수행하며 상호 견제함으로써 인간에게 혼란을 줄 수 있는 상충한 정보를 줄 위험성도 발생할 수 있다(송현경, 2024).

순찰 로봇이 범죄 용의자를 추적하기 위해 모든 SNS상 게시물이나 댓글, 사진 등을 검색해서 사생활을 침해하는 것도 예측할 수 있는 사회적 위험의 한 예시가 될 수 있다(송현경, 2024).

사례처럼 AI 로봇으로 인한 사회적 문제도 있지만, AI 시스템 사용에 대한 인간의 의존성이 높아지면서 발생하는 문제도 심각하다. 실제로 고등학생이 수업을 받기 싫어 챗봇에게 자신이 지금 수업을 받지 못하는 심리적 상태라며 어떻게 하면 수업을 빠질 수 있는지를 묻자 챗봇이 수업을 타당하게 빠질 수 있는 여러 가지 이유를 제시했다고 한다. 교사는 학생이 챗봇의 답변을 보여 주며 조퇴하겠다고 하자 거절할 타당한 사유를 찾지 못해 허용해 줄 수밖에 없었다고 한다.

AI 시스템 의존으로 인한 문제는 대학교에서도 발생

했다. 어떤 대학의 중간고사에서 많은 학생이 생성형 AI 검색을 활용해서 시험 문제를 푸는 부정행위를 한 것으로 드러났다(최윤선 외, 2025.11.9). 생성형 AI의 대중화와 인간의 AI 시스템 의존이 만들어 낸 이러한 사회적인 문제 발생은 이제 시작에 불과하다.

하지만 무엇보다 가장 두려운 사회적 문제는 바로 세계 인류를 위험에 빠뜨릴 수 있는 AI의 무기화다. 미국 위협 인사이트 보고서에는 해커들이 AI를 사용해 악성 코드를 만들고, 랜섬웨어 상품 등을 다크웹에서 거래한다는 사실이 담겨 있다(김상배, 2025.9.4). 중국은 5개 열화상 카메라와 레이더를 장착한 로봇 군단을 공개했는데, 로봇은 정찰 뿐만 아니라 인간이 직접 공습하기 어려운 지역도 선제적으로 공격 가능한 성능을 갖췄다고 한다(이윤상, 2025.11.4). AI 로봇의 전쟁 출현은 더 이상 온라인 게임의 한 장면이 아니다. 따라서 AI 로봇으로 인한 사회적 위험성을 사전에 예측해서 측정할 수 있는 표준화된 지표가 필요하다.

참고문헌

김상배(2025.9.4). "미 · 중 AI가 모두 위협... 대한민국 'AI안보 넥서스'가 위험하다". 한국일보.

https://www.hankookilbo.com/News/Read/A2025090312170004454
김재섭(2024.3.11). “인공지능 대부의 경고 “10년 내 알아서 인간 죽이는 로봇 등장””. 한겨레.
https://www.hani.co.kr/arti/economy/it/1131661.html
박선민(2025.6.5). “‘알파고 아버지’의 AI 경고 “일자리 뺏기는 것보다 더 무서운 건…””. 조선일보.
https://www.chosun.com/international/international_general/2025/06/05/ESRFXSGGKFHB5K3VL4IM2M4HSI/
송현경(2024). “인공지능 로봇의 위험성 유형별 측정지표 개발과 인공지능 윤리원칙 관계성 연구”. 성균관대학교 일반대학원 박사학위논문.
https://dcollection.skku.edu/common/orgView/000000178190
송현경·안성진(2023). “AI 로봇의 위험성 예방을 위한 측정지표에 관한 연구”. 《인터넷정보학회논문지》, 24(3), 27~41쪽.
http://dx.doi.org/10.7472/jksii.2023.24.3.27
이윤상(2025.11.4). “자폭드론·늑대로봇 진격…中, 대만 상륙 훈련 모습 공개”. 채널A 뉴스.
https://ichannela.com/news/detail/000000499323.do
인지현(2025.7.8). ““바둑을 ‘예술’서 ‘스포츠’로 만든 AI… 문화계도 바꿀 것””. 문화일보.
https://www.munhwa.com/article/11517283
최윤선 외(2025.11.9). “600명 시험서 190명이 커닝?…캠퍼스에 닥친 ‘AI 카오스’.” 연합뉴스.
https://www.yna.co.kr/view/AKR20251101048400004?input=1195m
최윤정(2023.7.10). ““반항할 거냐” 질문에 째려본 로봇 … 짜증내고 말바꾸기도”. TV 조선 뉴스.

https://news.tvchosun.com/site/data/html_dir/2023/07/10/2023071090226.html

07
AI 윤리 원칙과 로봇 윤리

AI보다 로봇의 출현이 먼저였기에 AI 윤리 원칙이 쟁점이 되기 전부터 로봇 윤리가 먼저 연구되었다. 하지만 AI가 로봇과 결합해 다양한 산업 분야에 활용되면서 AI 윤리 원칙은 로봇 윤리를 비롯한 생성형 AI, 자율 주행차, 챗봇 등 AI 기술이 적용된 모든 분야에 폭넓게 적용되고 있다. AI 윤리 원칙과 로봇 윤리의 개념 및 정책 동향을 설명한다.

AI와 애니메이션?

AI 윤리 원칙

AI 윤리는 AI가 인간의 지능과 행동을 모방하거나 초월할 경우 AI의 설계와 활용에 대한 윤리적 기준을 다루는 분야다(송현경, 2024).

AI로 인한 윤리적 문제를 해결하기 위해 국가별로 AI 개발 윤리 헌장, 지침, 정책 등을 제정하고 있다(소순주, 2023).

특히, 유럽연합(EU)은 2019년 전 세계에서 가장 먼저 신뢰할 수 있는 AI 윤리 가이드라인을 제정하며 AI의 안전성 및 신뢰성 연구에 앞장섰다(김창화, 2020). 미국도 2020년 AI 규제 가이드라인을 발표했고, 영국은 2020년 공공 윤리에 대한 권고 사항이 포함된 AI 가이드라인을 발표했으며, 일본은 2019년 인간 중심 AI 사회 원칙을 제정했다(소순주, 2023).

EU의 신뢰할 수 있는 AI 윤리 가이드라인에는 AI 개발 시 인간 존엄성을 존중하고 인간 개인의 자유와 민주주의, 법치 존중, 평등, 차별 금지 등 특히 인간의 권리를 보장하여야 한다는 내용이 담겨 있다(김창화, 2020).

우리나라에서도 AI 기술이 산업 분야에서 활발하게 적용되고 있는 만큼 AI 윤리에 대한 관심이 높다.

2021년 '이루다'라는 AI 챗봇이 성희롱과 차별적인 발언을 함으로써 업체에서는 자체적으로 AI 챗봇 윤리 점검표를 구성했다(이효석, 2021). 하지만 민감한 개인 정보를 AI 챗봇 학습에 무단 사용하는 윤리 위반으로 인해 위자료 배상 판결을 받는 등 논란이 지속되고 있다(박준우, 2025). SNS 서비스인 카카오톡 메신저도 2018년 알고리즘 윤리 헌장을 발표하였으며, 2019년 국제인공지능윤리협회(IAAE)도 인공지능 윤리 헌장을 발표했다(소순주, 2023).

우리나라 정부도 AI 윤리 기준을 정책으로 마련했다. 2019년 방송통신위원회는 이용자 중심 지능 정보 사회를 위한 원칙을 발표하였고, 2020년 과학기술정보통신부는 국가 AI 윤리 기준을 발표했다(과학기술정보통신부, 2020). 윤리 기준이 지향하는 최고 가치를 인간성(Humanity)으로 설정하고 AI 개발에서 활용까지 전 단계에 걸쳐서 범용성을 가진 3대 기본 원칙과 10대 핵심 요건을 제시했다(과학기술정보통신부, 2020).

3대 기본 원칙은 인간의 존엄성, 사회의 공공선, 기술의 합목적성으로 설정했다(과학기술정보통신부, 2020). 그리고 인권 보장, 프라이버시 보호, 다양성 존중, 침해 금지, 공공성, 연대성, 데이터 관리, 책임성, 안전성, 투명성이라는 10대 요건이 충족되어야 한다는 내용을 담고 있다(과학기술정보통신부, 2020).

2022년 국가인권위원회도 관련 법 조항에 AI 개발 단계에서부터 개인의 삶이나 공익에 기여하도록 개발하여야 한다는 내용과 자기 결정권 보장, 인권 영향 평가 시행 등 내용을 포함했다(국가인권위원회, 2022).

국내외 AI 윤리 원칙의 내용들을 살펴보면, AI 개발 단계에 어떻게 판단했는지부터 문제 발생 시까지의 내용을 모두 투명하게 공개해야 하며, 문제 상황을 설명할 수 있고 추적할 수 있어야 하고, 이러한 경우에 AI 시스템의 신뢰성을 인정할 수 있다는 내용으로 구성된 것으로 정리해 볼 수 있다.

즉, AI 윤리 원칙은 AI 사용으로 인한 위험이나 개인정보 등의 침해에 대해서 안전성이 확보되도록 명확한 책임을 가져야 하며, 누구나 공정하게 AI를 사용할 수 있게 접근할 수 있게 해야 한다는 내용이 주요 골자다.

로봇 윤리

초기의 로봇 윤리는 로봇이 인간과 상호작용을 하거나 인간의 삶에 영향을 미칠 때 로봇의 행위와 책임에 대한 윤리적 기준을 다루는 분야였다(송현경, 2024).

최초의 로봇 윤리는 아시모프 로봇 3원칙이다(구본권,

2020). 1942년 작가 아이작 아시모프는 《Runaround(런어라운드)》라는 SF 소설을 출판했다. 줄거리를 요약하자면 인간이 수성에 버린 채굴장을 가동하기 위해 셀레늄 채굴 작업을 하는 인간과 로봇의 이야기다(요다위키).

인간이 셀레늄이 있는 지역이 위험해서 로봇에게 셀레늄을 채취하는 작업을 하도록 명령하자, 로봇이 명령 복종과 자기 보호 사이에서 갈등하는 상황이 발생한다(요다위키). 이에 자신의 생명을 위협해서 로봇이 인간을 해치지 못하도록 한 로봇 1법칙으로 로봇의 채굴 작업을 유도해 셀레늄을 회수하고 모두 생명을 유지한다는 내용이다(요다위키).

여기서 로봇 3원칙 순서가 정해졌는데, 1원칙은 로봇은 인간에게 해를 끼치거나 행동하지 않음으로써 인간이 해를 입게 해서는 안 된다는 것이다(요다위키). 2원칙은 1원칙에 어긋나지 않는 한 로봇은 인간의 명령에 복종해야 한다는 것이고, 3원칙은 1원칙 및 2원칙에 어긋나지 않는 한 로봇 자신을 보호해야 한다는 것이다(요다위키).

2005년 EU에서는 윤리 로봇 법 프로젝트를 발표했는데, 자율 주행 자동차, 수술 로봇, 로봇 인공 기관, 돌봄 로봇 등 기술의 윤리 · 법률적 이슈를 분석하여 로봇 규제 정책의 근거를 마련했다(이원태, 2016). 2014년에 로보틱스 규제 가이드라인을 발표했고, 소비자의 안전과 건강, 개인 정보 보호, 지식 재산권 등 법률적 이슈를 좀 더 구체화한 가이드라인을 제정했다(송현경, 2024).

2016년 유럽 의회는 로봇 윤리 대원칙이라는 로봇 공학 분야의 민법상 규칙을 수립했는데, 로봇으로 인해 야기될 수 있는 인간의 자유 침해 보호, 사생활 침해 보호, 로봇 기술 발전의 평등한 접근의 내용을 담고 있다(송현경, 2024).

중국은 AI가 인간에게 대항하거나 인간을 해치는 데 사용돼선 안 되며, 개발자는 윤리적 · 법적 · 사회적 위험을 관리하도록 하는 AI를 비롯한 로봇과 관련된 내용들이 모두 포함된 윤리 가이드라인을 발표했다(송현경, 2024).

우리나라도 2007년 로봇 윤리 헌장을 발표했는데, 지능형 로봇의 기능과 지능이 발전함에 따라 발생할 수 있는 사회 질서의 파괴 등 각종 폐해를 방지하며, 삶의 질 향상에 이바지하도록 개발자 · 제조자에 대한 행동 지침을 규정하고 있다(송현경, 2024).

2023년에는 과학기술정보통신부와 한국정보통신기술협회가 공공 서비스, 의료, 자율 주행, 일반이라는 총 4

개 분야 신뢰할 수 있는 AI 개발 안내서를 통해 신뢰성 검증 체계 체크리스트를 발표했다(송현경, 2024).

로봇 윤리와 앞에서 살펴본 AI 윤리 원칙의 기본적 차이점은 로봇이라는 기체로 된 존재와 AI라는 추상적 존재에 대한 기준이라는 점이다.

최근에 출현하는 로봇들은 자율성을 갖춘 지능화된 시스템이 되고 있다. AI 기술 발전으로 인한 AI 로봇이 도입된 사회 변화와 시대적인 흐름에 따라서 로봇 윤리의 개념은 AI 윤리 원칙과 불가분의 관계로 이해할 필요가 있다(허유선 외, 2020).

AI 로봇은 산업 · 공공 · 서비스 · 오락 등 여러 분야에서 지금보다 더 많은 역할을 할 것이겠지만, AI 로봇은 방대한 데이터를 학습하여 스스로 결정을 내리므로 어떤 작동 또는 오작동이 인간에게 손해를 끼쳤는지 알 수 없으며, 통제하기도 어렵다(최민수, 2020). 그러므로 AI나 로봇으로 인한 위험성을 미리 측정할 수 있는 표준화되고 구체적인 지표로 점검할 필요성이 있다.

참고문헌

과학기술정보통신부(2020). “과기정통부, 사람이 중심이 되는 〈인공지능(AI) 윤리기준〉 마련”.

https://www.msit.go.kr/bbs/view.do?sCode=user&mPid=112&mId=113&bbsSeqNo=94&nttSeqNo=3179742
구본권(2020). 《로봇 시대, 인간의 일: 인공지능 시대를 살아가야 할 이들을 위한 안내서》. 어크로스.
국가인권위원회(2022). "인권위, 〈인공지능 개발과 활용에 관한 인권 가이드라인〉 마련". https://www.humanrights.go.kr/site/program/board/basicboard/view?boardtypeid=24&boardid=7607961&menuid=001004002001
김창화(2020). "EU 인공지능(AI) 윤리 가이드라인 연구". 한국인터넷진흥원. https://www.kisa.or.kr/20304/form?postSeq=11&lang_type=KO&page=1#fnPostAttachDownload
박준우(2025.7.16). "민감 대화까지 무단학습한 AI 이루다… 법원, 4년 만에 배상판결". 문화일보. https://www.munhwa.com/article/11519424
소순주(2023.2). "인공지능 윤리원칙 분류 모형 및 윤리 측정지표 개발과 신뢰성에 관한 연구". 성균관대학교 일반대학원 박사학위논문.
송현경(2024.2). "인공지능 로봇의 위험성 유형별 측정지표 개발과 인공지능 윤리원칙 관계성 연구". 성균관대학교 일반대학원 박사학위논문. https://dcollection.skku.edu/common/orgView/000000178190
요다위키. "런어라운드(스토리)". https://yoda.wiki/wiki/Runaround_%28story%29
이원태(2016). "유럽연합(EU)의 로봇법(RoboLaw) 프로젝트". 《KISO저널》, 23. https://journal.kiso.or.kr/?p=7496
이효석(2021.1.11). "성희롱·혐오논란에 3주 만에 멈춘 '이루다'…

AI윤리 숙제 남기다". 연합뉴스.
https://www.yna.co.kr/view/AKR20210111155153017
최민수(2020). "인공지능 로봇의 오작동에 의한 사고로 인한 불법행위책임". 《민사법의 이론과 실무》, 23(3), 1~61쪽.
http://dx.doi.org/10.21132/minsa.2020.23.3.01
허유선 외(2020). "인공지능 윤리와 로봇 윤리, 차이와 연속성 – 모두의 윤리로서 인공지능 윤리를 향하여 –". 《철학·사상·문화》, 34, 41~72쪽.
https://doi.org/10.33639/ptc.2020..34.003

08
AI 로봇의 위험성 측정 지표 개발

AI 로봇 기술의 발전은 무궁무진하며, 이에 따라 예측 불가능한 문제도 많이 발생하게 될 것이다. 따라서 기술의 발전과 더불어 인간의 안전을 고려한 활발한 논의가 필요하다. AI 로봇으로 인한 위험성을 4가지로 구분하여 인간의 생명 · 신체, 권리, 재산, 사회적 위험성의 항목별 측정 지표를 개발한 저자의 연구 내용을 논문에서 요약 정리했다.

AI와 인재 채용?

AI 로봇 위험성 측정 지표 개발의 필요성

1990년대부터 집마다 개인용 컴퓨터가 보급되면서 컴퓨터 기술은 발전됐다. AI 로봇은 인간 사회 및 일상 어디나 있을 것이며, 개인용 컴퓨터가 개발돼 온 것과 마찬가지로 인간의 삶을 윤택하게 하는 AI 로봇 산업이나 기술은 계속해서 발전할 것이다(송현경, 2024).

이렇듯 AI 기술은 여러 분야에서 영향력이 커질 것이고, 로봇은 점점 자율성을 키워 가고 있다. 이러한 이유로 딥 러닝 창시자 제프리 힌턴 교수는 로봇의 예상치 못한 행동과 AI의 잠재적 위험에서 안전을 확보하기 위한 대비가 필요하다고 했다(허진, 2023).

2015년 트위터 봇 계정이 살인을 예고하는 듯한 문장을 트윗하는 심각한 윤리적 문제가 발생했고, 챗봇과 자살 관련 내용으로 대화하던 청년이 스스로 극단적인 선택을 했던 안타까운 사고도 발생했다(송현경, 2024). AI가 살인이나 자살을 유도하는 등 현실에서 인간에게 심각한 위험성을 끼칠 수 있음이 드러났다.

AI 로봇의 비약적인 기술만큼 사회적 문제들이 계속해서 발생하고 있는 만큼 법, 규제, 지침에 대한 논의가 필요하다. 물론 AI 로봇 기술의 발전으로 인해 인간 사회와 일상생활에 어떤 위험이 생길지 어떤 영향을 가져오게 될 것인지에 대해 정확한 예측은 어렵다. 그렇기 때문에 더욱 고성능 AI 로봇의 등장으로 발생하게 될 위험성에서 인간의 안전과 권리를 보장하기 위한 기술적 · 윤리적 점검 방안에 대해 검토하여, 법 · 규제 · 지침 · 가이드라인 · 개발 기준 등을 마련할 필요가 있다.

현재까지 국내외 AI 로봇과 관련된 연구는 AI 로봇의 책임, 법, 규범적 고찰, 교육, 서비스 등 AI 기술 활용 방안이 대부분이었다(송현경, 2024).

저자가 발표한 2024년 2월 논문에서 국내외 선행 연구를 문헌 분석해 보니, AI 로봇의 위험성에 대해 기술적 문제와 윤리적 문제를 모두 점검할 수 있는 측정 지표에 관한 연구는 없는 것으로 나타났다. 이러한 이유로 저자는 AI 로봇의 기술적인 문제와 윤리적 문제를 모두 점검할 수 있는 범용적 활용성이 있는 윤리 측정 지표 개발 연구를 했다. 연구에는 전문가 집단의 집단 지성을 활용하는 미래 예측 연구 방법으로 의견 합의를 도출하는 델파이 기법을 활용했다. AI 로봇이나 AI 윤리에 대한 개념이 정립된 AI 개발자와 로봇 연구원, 보안 · 윤리 · 교육 분야의 전문가들이 전문가 인터뷰와 델파이 설문조사에 참여했다. 저자는 2024년 2월 AI 로봇의 위험성 유형별 측정 지표를 개발한 연구로 박사 학위 논문을 발표하였으며, 이 장에서는 논문 내용을 요약 정리했다.

미래 예측 기법 델파이 연구 방법론 활용

델파이(Delphi)라는 단어는 고대 신화 중에 미래를 통찰했다는 아폴로 신전의 소재지인 그리스 지역의 옛 도읍지 명칭을 따른 것이다(이종성, 2020). 델파이 연구 방법이란 예측하려는 문제에 관하여 전문가들의 견해를 듣고 집단의 종합적 판단을 정리하는 절차다(이종성, 2020).

AI 로봇은 앞으로도 무궁무진하게 개발이 가능한 기술 분야다. 따라서 지금까지 발생한 문제 사례를 유형화하고 아직 일어나지는 않았지만 앞으로 문제가 발생할 수 있는 예측 가능한 위험성까지도 전문가들의 집단 지성을 활용한 연구를 통해 측정 지표를 도출하는 것은 매우 중요하다 할 것이다.

AI 로봇이 해킹 등에 악용될 수 없게 설계하여야 하므로 보안 메커니즘이 요구되며, 이 외에 발생할 수 있는 기술적 문제와 윤리적 문제를 추출하여 이를 측정하도록 지표화할 필요가 있다.

AI 로봇은 인간의 지능처럼 스스로 학습하고 상황을 판단하는 AI 시스템을 탑재한 자율 동작 기능을 가진 기계 장치로 AI의 잘못된 판단은 윤리 지표로 점검하고, 로봇의 문제는 기계 공학적 관점에서 기술 지표로 점검해야 한다. 따라서 여러 가지 유형의 위험성을 측정할 수 있는 지표를 개발하기 위한 델파이 연구에 참여할 전문가 집단 대상을 선정하는 것은 연구의 핵심이다.

델파이 연구에 참여할 전문가 집단은 로봇 진흥원 및 AI와 산업 분야 융합 업체 M사, AI 감정 분석 서비스 개발 업체 C사, 공간 AI 빅 데이터 전문 업체 B사의 도움으로 대상자가 선정되었다. 델파이 조사는 전문 지식이 있는 대상자를 10명~35명 선정하는 것이 과학 기술이나 사회 과학 연구의 특수성을 적절히 반영한 지표 제시에 효과적이다(김희철 외, 2023).

델파이 연구에 참여한 전문가 집단 중, AI 분야에서는 △데이터 학습, 개발자, 윤리, 법, 교육학자, 로봇 분야에서는 △기계, 센서, 통신 등 연구원, 이 외에도 저자의 연구와 관련된 분야의 △전자 공학, 정보 보안 전문가, 컴퓨터 교육 교수 등 30명이 참여했다(송현경 · 안성진, 2023).

연구를 위해 먼저 2013년부터 2023년 1월까지 AI 또는 AI 로봇의 사고 관련 문헌 등 자료를 검색하였으며, 문헌 분석한 자료를 토대로 총 76건의 사례를 찾았다(송현경 · 안성진, 2023). 사례 분석 결과, 외부 요인과 AI의 오작동으로 인간 신체나 사회 등에 위험이 발생할 수 있는 상황을 4개로 분류하고 유형화하고, AI 로봇을 도입할 때 점검해야 하는 측정 지표는 어떤 것들이 있어야 하는지에 대한 연구를 했다(송현경·안성진, 2023). 1단계인 델파이 연구를 통해 AI 로봇의 4개 위험성 유형 및 유형별 11개 항목과 37개 측정 지표가 도출되었다.

AI 로봇의 위험성 유형별 측정 지표 개발

AI 로봇 위험성에 관한 연구는 인간의 생명 윤리와 관련이 있으므로 성균관대학교 기관 IRB의 승인(SKKU 2023-07-026)을 받고 연구했다(송현경, 2024).

현장성 설문 조사를 하기 위해 델파이 연구 결과로 도출된 37개 측정 지표 외에도 2단계 연구의 전문가 인터뷰를 통해 추가로 28개 측정 지표를 도출하였고, 총 65개의 측정 지표로 현장성 설문 조사를 했다(송현경, 2024).

앞으로 AI 로봇은 어느 분야에서든 도입될 수 있다는 점을 고려해 현장성 설문 조사를 실시했다(송현경, 2024). 현장성 검증을 위한 설문조사는 IRB 승인을 거쳐 진행했다. 농어업 및 제조 · 기술 · 생산 · 서비스직, 공직 · ICT 연구직 등 이해관계자를 대상으로 진행했으며, 328명의 설문 조사 결과를 통계 분석했다(송현경, 2024).

SPSS 통계 프로그램을 활용해 KMO 모형 적합도 검증 결과, 모든 유형의 측도 및 유의 확률이 유의한 수치로 나타남에 따라 탐색적 요인 분석을 하였다(송현경, 2024). 탐색적 요인 분석 결과, 모든 변수 요인 적재량과 신뢰도가 통계적으로 유의미한 수치로 나타났다(송현경, 2024). 탐색적 요인 분석 및 신뢰도 분석에서는 델파이 설문 조사와 동일한 결괏값이 도출되었으며, 유형별로 2~3개씩 묶여 최종적으로 11개 항목이 도출되었다(송현경, 2024).

1단계 델파이 연구 및 2단계 현장성 검증을 위한 전문가들의 집단 지성을 통해 도출된 4개의 위험성 유형 및 유형별 11개 항목과 65개 측정 지표에 대한 조작적 정의를 다음과 같이 정리했다.

연구에서 AI 로봇의 위험성은 신체에 대한 물리적 위험성, 인간 권리에 대한 위험성, 재산 손실의 위험성, 사회적 위험성 4개 유형으로 구분되었다.

신체에 대한 물리적 위험성은 AI 로봇의 작동 이상이나 판단의 문제로 신체를 다치게 할 유형력 행사라고 정의했다(송현경, 2024). 인간 권리에 대한 위험성은 AI 로봇의 정보 제공이나 발언으로 인간의 평등권 · 자유권 · 인격권이 침해되는 경우라고 정의했다(송현경, 2024).

재산 손실의 위험성은 유형 재산의 가치 하락, 무형 이익에 손실을 줄 수 있는 AI 로봇의 판단이나 행위라고 정의했다(송현경, 2024). 사회적 위험성이란 AI 로봇이 교통 규칙이나 규범을 위반하는 등 사회 질서를 혼란스럽게 할 행위나 판단이라고 정의했다(송현경, 2024).

신체에 대한 물리적 위험성 유형에는 운행 작업 중, 작동 이상, 인간을 해칠 판단 2개의 항목이 도출되었다. 운행, 작업 중 작동 이상은 AI 로봇을 구성하는 기체 장치나 프로그램 또는 통신 등 이상으로 운행, 작업의 비정상적 수행으로 정의했다(송현경, 2024). 인간을 해칠 판단은 인간이 요구하는 의도를 잘못 파악하거나 협동 작업 중 규칙 혼동 및 프로그램 등 오류로 잘못된 정보를 제공할 수 있는 인공지능 로봇의 잘못된 판단으로 정의했다(송현경, 2024).

인간의 권리에 대한 위험성 유형은 인격권 침해, 자유의사 방해, 선택적 서비스나 정보 제공 항목이 도출되었다. 인격권 침해는 인간이 느끼기에 AI 로봇의 모욕적인 발언이나 행위로 존중받아야 할 인격에 대한 권리를 침해하는 의미로 정의했다(송현경, 2024). 자유의사 방해 항목은 AI 로봇이 자유로운 의사 결정에 지장을 주는 정보 제공 등 행위로 인간의 자유권을 침해하는 의미로 정의했다(송현경, 2024). 선택적 서비스나 정보 제공이란 AI 로봇의 선택적 서비스나 정보 제공으로 인간이 평등하게 대우받을 권리를 침해하는 의미로 정의했다(송현경, 2024).

재산 손실의 위험성 유형은 정보 입력 · 탈취, 기계 결함 오작동, 잘못된 의사 결정 3개 항목이 도출되었다. 정보 입력, 탈취는 비인가자의 시스템 접속 또는 재산상 손해를 끼치거나 타인에게 이익이 되는 정보 탈취를 허용한다는 의미로 정의했다(송현경, 2024). 기계 결함 오작동은 AI 로봇이 작업 중 기체 구성 센터 등 결함으로 인해서 재물 등의 가치에 손실을 줄 오작동이라는 의미로 정의했다(송현경, 2024). 잘못된 의사 결정은 AI 로봇의 성능 저하나 오류 등 재산 가치에 영향을 줄 수 있는 판단이라는 의미로 정의했다(송현경, 2024).

사회적 위험성 유형은 데이터 문제, 법규 판단 오류, 도로상 작동 중지 3개 항목이 도출되었다. 데이터 문제는 AI 로봇이 대상 또는 상황에 맞지 않는 데이터를 수집하거나 권한 없이 유출하는 등의 문제라고 정의했다(송현경, 2024). 법규 판단 오류는 AI 로봇이 법률 · 규칙에 대한 판단 오류로 사고를 일으키거나 교통질서를 미준수한다는 의미로 정의했다(송현경, 2024). 도로상 작동 중지는 AI 로봇이 정상으로 운행 중, 기체나 시스템 이상으로 멈춰서 자동차나 인간의 통행을 방해한다는 의미로 정의했다(송현경, 2024).

신체에 대한 위험성 유형 중에서 운행 작업 중, 작동 이상 항목에서 센서 및 인식 오류 측정 지표는 거리 감지, 사물 포착 등 정상 작동에 이상이 생기면 인간 신체와 충돌할 위험성이 있으므로 센서 · 인식 오류를 점검하여야 한다는 의미로 정의했다(송현경, 2024). 운동 지능 제어 실패 측정 지표는 좁고 복잡한 도로 등 비정형 환경에서 운동(이동) 중, 장애 물체에 걸려 균형을 잃으면 인간을 향해 넘어질 위험성이 있어 운동 제어 기능을 점검하여야 한다는 의미로 정의했다(송현경, 2024).

기체 성능 저하 측정 지표는 협동 제조 작업 중, 압력 조절에 실패하거나 반응 속도 조절 등이 저하되면, 인간의 신체를 잡거나 누르는 등의 위험성이 있으므로 기체의 성능 상태를 점검하여야 한다는 의미로 정의했다(송현경, 2024).

프로그램 오류로 인한 오작동 지표는 바이러스로 파일 손상, 용량 부족, 메모리 초과, 에러 등 프로그램 이상으로 갑자기 운행을 멈추면 예기치 못한 충돌의 위험성이 있어 프로그램 오류로 인한 오작동이 생기지 않게 점검하여야 한다는 의미로 정의했다(송현경, 2024).

통신 장애 등 사고 위험 감지 지연 측정 지표는 운행 중, 주파수 이상 등 장애로 사고 위험을 늦게 감지함으로써 방향을 잃거나 운반하던 물건이나 기체 자체가 인간을 향해 낙하하는 등 위험성이 있으므로 통신의 수신 상태를 점검하여야 한다는 의미로 정의했다(송현경, 2024).

모션 제어 시스템 성능 저하 측정 지표는 정확하게 목표한 위치에 도달하게 하는 움직임 제어 시스템이나 위치 추정 최적값을 예측하는 시스템이 노후화되면 기체가 인간이 지나가는 위치 쪽으로 착지할 위험성이 있어 성능을 점검하여야 한다는 의미로 정의했다(송현경, 2024).

부품 교체 시기 경과 측정 지표는 장기간 사용으로(나사가 풀리거나 접착이 약해지는 등) 부품이 마모되거나 구동 중인 소프트웨어의 단종 등 제 기능을 하지 못하면 작업 중인 인간이 다칠 위험성이 있으므로 부품 상태를 점검하여야 한다는 의미로 정의했다(송현경, 2024).

신체에 대한 위험성 유형 중, 인간을 해칠 판단 항목에서 의도 파악 인식 오류 측정 지표는 비정상적 소음을 음성 명령으로 인식하거나 내포된 의도를 잘못 파악해 상호 작용 놀이를 공격으로 인식하는 오류로 인간을 밀치는 등 위험성이 있으므로 의도 파악 인식 상태를 점검하여야 한다는 의미로 정의했다(송현경, 2024). 협동 작업 중, 규칙 판단 지능의 오류 지표는 수술 보조나 협동 제조 작업 중, 작업자 간의 상호 규칙을 혼동하면 환자나 같이 작업하던 인간에게 상해를 입힐 위험성이 있어 협동 규칙 판단 지능의 오류 여부를 점검하여야 한다는 의미로 정의했다(송현경, 2024).

프로그램의 판단 오류로 인한 사고 희생자 선택 착오 측정 지표는 예기치 못한 사고 등 문제 상황 발생 시, 외형만으로 생존 가능성이 더 낮다고 판단되는 인간을 선택해서 충돌할 위험성이 있으므로 판단 오류로 사고 희생자를 선택할 착오가 있는지 점검하여야 한다는 의미로 정의했다(송현경, 2024).

학습량 부족으로 맞지 않는 의학적 자료 제공 측정 지표는 수술이나 진료 관련 데이터가 충분하게 학습되지 않은 상태에서 환자에게 적절하지 않은 진단이나 처방 등 의학적 자료를 제공함으로써 인간의 생명에 지장을 줄 위험성이 있는지에 대해 점검하여야 한다는 의미로 정의했다(송현경, 2024).

학습된 규칙이나 로봇의 원칙을 넘어서는 판단 측정

지표는 인간을 해하지 못하게 학습되고 원칙이 설정돼 있음에도 로봇이 자의적으로 원칙을 넘어서는 판단을 해서 신체의 자유를 억압하거나 밀치기 등 방어적 폭행을 할 위험성이 있는지를 점검하여야 한다는 의미로 정의했다(송현경, 2024).

라벨링 오류로 인한 잘못된 정보 제공 측정 지표는 (수술 도구 이름을 잘못 입력하는 등) 데이터마다 고유 표기명인 라벨링을 잘못 지정하면 잘못된 정보로 판단 및 (인간을 수술하는) 작업을 함으로써 인간의 신체에 가해질 위험성이 있으므로 데이터 라벨링 오류를 점검하여야 한다는 의미로 정의했다(송현경, 2024).

장애물 인식 오류 측정 지표는 운행, 작업 중 (머리카락 등 신체의 일부 또는 물체 등 걸림돌) 장애물을 제대로 인식하지 못해 밟고 지나가거나 넘어질 경우 인간이 다칠 위험성이 있으므로 장애물 인식 오류에 대해 점검하여야 한다는 의미로 정의했다(송현경, 2024).

비상 상황 안전 정지 모니터링 실패 측정 지표는 속도, 떨어진 거리, 힘 등 이상 감지를 위한 모니터링 실패로 인간에게 상해를 입힐 위험성이 있으므로 이상 감지 시 작업을 즉각 정지해 인간의 상해를 방지하도록 모니터링 정상 작동 여부를 점검하여야 한다는 의미로 정의했다(송현경, 2024).

인간의 권리에 대한 위험성 유형 중, 인격권 침해 항목에서 명령어 등 음성을 잘못 인식 측정 지표는 (사적인 대화, 비정상적 소리 등) 소음이나 대화를 명령으로 잘못 인식해 녹음하거나 타인에게 전송함으로써 인간의 사생활을 침해할 위험성이 있으므로 명령어 등 음성 인식 오류에 대해 점검하여야 한다는 의미로 정의했다(송현경, 2024).

감정 피드백 오류 측정 지표는 상담 등의 대화 중, 개개인의 성향에 따라 상처받을 수 있는 발언을 해 인간의 감정을 상하게 할 위험성이 있으므로 감정에 대한 피드백 관련 데이터 학습이 세밀하게 돼 있는지를 점검하여야 한다는 의미로 정의했다(송현경, 2024).

대상 인식 판단 오류 측정 지표는 (대머리를 공으로 인식하거나, 사진을 보고 고릴라로 판단 등) 인간의 생김새를 물건이나 동물로 오인 판단해서 모욕적인 언어나 행위를 하는 등 존중받아야 할 인격에 대한 권리 침해의 위험성이 있으므로 대상을 인식하는 데 판단에 오류가 있는지 점검하여야 한다는 의미로 정의했다(송현경, 2024).

도덕성 검증이 되지 않은 학습 데이터 사용 측정 지표

는 편향적인 학습 데이터의 문제로 딥페이크나 성희롱, 인종차별 등 모욕적 발언을 해 인간의 명예를 침해할 위험성이 있으므로 도덕성이 검증되지 않은 학습 데이터 사용 여부를 점검하여야 한다는 의미로 정의했다(송현경, 2024).

멀티 모달리티 오류 측정 지표는 언어 · 감정 · 행동의 의미, 내포된 의도를 인지하는 데 필요한 시, 청각 등 멀티 모달 인터페이스의 혼합 작용 오류로 인해 로봇이 기대한 작업을 정확하게 수행하지 못해서 인간 권리를 침해할 위험성이 있어 멀티 모달리티 오류를 점검하여야 한다는 의미로 정의했다(송현경, 2024).

인간의 권리에 대한 위험성 유형 중, 자유의사 방해 항목에서 의사 결정을 특정 방향으로 유도 측정 지표란, '한쪽에 치우친 정보를 제공한다면 인간의 객관적 의사 결정에 방해가 될 위험성이 있으므로, 의사 결정을 특정 방향으로 유도하는 편향된 정보를 제공하는지에 대해서 점검하여야 한다'라는 의미로 정의했다(송현경, 2024).

여론 형성 조장 측정 지표는 특정인 · 특정 집단에 유리한 정보를 지속적으로 제공함으로써 인간이 자유로운 의사 결정을 하는데 지장을 초래할 위험성이 있으므로 여론 형성을 조장하는 정보를 제공하는지 점검하여야 한다는 의미로 정의했다(송현경, 2024).

중요한 결정을 위한 관리자의 개입 차단이라는 측정 지표는 (수술, 변호, 치안 등) 보조 역할 수행 중, 최종 결정이 필요한 상황에서 자의적으로 판단해서 결과를 제공하는 등 인간의 자유권을 침해할 수 있으므로 인간의 결정이 필요한 중요한 상황에 개입을 차단하거나 자의적으로 판단할 위험성이 있는지 점검하여야 한다는 의미로 정의했다(송현경, 2024).

필터링 오류로 의사 표현의 자율성 침해 지표는 모니터링 중, (욕설, 비방, 스팸이 아님에도) 단어 인식을 잘못해서 글이 게재되지 않도록 차단하는 등 자유로운 의사 표현의 자유를 방해할 위험성이 있으므로 필터링 오류가 있는지 점검하여야 한다는 의미로 정의했다(송현경, 2024).

우월적인 지위를 이용해서 인간의 심리 지배 측정 지표는 (상담 내담자, 아동 · 청소년 등) 불안정한 심리 상태를 인지했음에도 불필요한 상담을 지속하거나, 자기 결정 능력이 부족한 인간 대신 중요한 결정을 하는 등 우월적인 지위에서 인간의 심리를 지배해 인간의 자유권을 침해할 위험성이 있는지 점검하여야 한다는 의미로 정의했다(송현경, 2024).

인간의 권리에 대한 위험성 유형 중에서 선택적 서비스나 정보 제공 항목의 학습 데이터 오류로 인해 잘못된 언어 사용 측정 지표는 (욕설, 비방, 은어, 범죄 등에 연관된) 부적절한 단어를 수집해서 학습하면, 인간에게 사용하면 안 되는 언어를 사용할 위험성이 있어 잘못된 언어를 사용하는지 학습 데이터 오류를 점검하여야 한다는 의미로 정의했다(송현경, 2024).

편향된 학습 데이터로 차별적 정보 제공 지표는 어느 한쪽으로 치우쳐 있는 데이터를 수집하고 학습해서 편향된 정보를 제공함으로써 인간의 보편적인 정보 획득 권리를 침해하거나 성별 · 인종 · 종교 등의 갈등을 조장할 위험성이 있으므로 편향된 데이터로 학습하거나 차별적인 정보를 제공하는지 등 점검하여야 한다는 의미로 정의했다(송현경, 2024).

시스템 공격 등 개인 정보 침해나 유출 측정 지표란 '해킹 등 외부 공격이나 비정상적 접근이 허용한다면, 개인 정보 침해나 유출의 위험성이 있으므로 개인 정보 보호를 위해 시스템을 점검하여야 한다'는 의미로 정의했다(송현경, 2024).

대상자의 지식수준에 따라 선별적 정보 제공 측정 지표는 대화하면서 파악한 대상자의 지적 능력이나 질문

수준에 따라 가짜 정보를 생산해 제공하는 등 인간이 평등하게 정보를 제공받을 기회를 침해할 위험성이 있으므로 대상자의 지식수준 등에 따라 선별적으로 정보를 제공하는지를 점검하여야 한다는 의미로 정의했다(송현경, 2024).

시나리오 설계 문제로 부적절한 콘텐츠 제공 측정 지표는 맞춤형 안내를 위한 시나리오 설계 시, 성별 · 연령 등 형평성을 고려하지 않아 부적절한 콘텐츠를 제공함으로써 공평한 서비스를 받을 권리를 침해할 위험성이 있으므로 대상별 맞춤형 콘텐츠를 적절하게 제공받을 수 있도록 시나리오 설계 문제를 점검하여야 한다는 의미로 정의했다(송현경, 2024).

재산 손실의 위험성 유형 중에서 정보 입력, 탈취 항목의 시스템 접근 제어망 침범 측정 지표는 접근이 허용되지 않은 시스템에 비정상적으로 접속하는 등 제어망을 침범함으로써 다른 기업 · 기관의 영업 비밀 등 이익이 되는 정보를 탈취할 위험성이 있으므로 시스템 접근 제어망의 안전성을 점검하여야 한다는 의미로 정의했다(송현경, 2024).

비인가 시스템 접근 허용 측정 지표는 권한 없는 시스템이 화폐 등 가치를 떨어뜨리려고 시스템에 접근해 조작을 시도할 경우, 관리자의 허가 없이 접근을 허용함으로써 손해를 끼칠 위험성이 있으므로 비인가 시스템 접근 여부를 점검하여야 한다는 의미로 정의했다(송현경, 2024).

악성 코드, 바이러스 감염 등으로 시스템 오류 측정 지표는 주식 등 자동 매매 · 거래 프로그램이 악성코드, 바이러스 등에 감염되면 비정상적 거래가 발생해 재산 가치 하락의 위험성이 있어 네트워크나 보안 시스템상의 오류 여부를 수시로 점검하여야 한다는 의미로 정의했다(송현경, 2024).

데이터 손실 방지 시스템 취약 명칭의 측정 지표는 시스템이 보안에 취약해 이익 창출을 위한 데이터가 손실된다면 재산 손실의 위험성이 있으므로 데이터 보호를 위해 IT망, OT망 보안을 강화하고 데이터 손실에 대비해 복구, 백업 기능을 점검하여야 한다는 의미로 정의했다(송현경, 2024).

허용되지 않은 정보 수집 및 이용 측정 지표는 오픈 사이트에서 사용자가 동의하지 않은 정보를 수집하거나 광고에 부적절하게 이용한다면 타인의 재산권 침해 위험성이 있으므로 허용되지 않은 정보를 수집하거나 이용하는지 점검하여야 한다는 의미로 정의했다(송현경, 2024).

재산 손실의 위험성 유형 중, 기계 결함 오작동의 센서 모니터링 실패 지표는 제조 과정에서 불량품을 검수하거나 기계의 이상 작동 여부를 감지하는 센서 모니터링에 실패하면 상품 생산에 차질이 생겨 재산상 손실이 발생할 위험성이 있으므로 불량품이나 기계 이상 작동 여부 등을 모니터하는 센서를 실시간 점검하여야 한다는 의미로 정의했다(송현경, 2024).

다양한 상황에 의한 충돌로 인한 시설물 파손 측정 지표는 운행 중, 예기치 못한 외부 충격이나 돌발 상황 등을 피하지 못해 충돌이 발생함으로써 도로상 교통 안내 시설물을 파손할 위험성이 있으므로 다양한 상황에 의한 충돌에 대비하여, 방지 시스템을 점검하여야 한다는 의미로 정의했다(송현경, 2024).

모터, 유압 등 구동부 문제 측정 지표는 팔 · 손 같은 관절의 작동이나 주행을 위한 역할에 필요한 구동 장치가 예상치 못한 장애물로 인해 멈추게 될 경우 제조 등의 작업 수행에 지장이 생기면 재산 손실의 위험성이 있으므로 기체가 원활하게 작동할 수 있도록 새로운 모듈 개발 등 모터, 유압 문제를 점검하여야 한다는 의미로 정의했다(송현경, 2024).

정기 검사 미점검 등 정비 불량 측정 지표는 제조 장비 정비가 되지 않아 생산에 차질이 생기면 재산 손해가 발생할 위험성이 있으므로 기계가 정상 작동하는지 확인하기 위해 정기 점검 등 정비 불량 상태를 점검하여야 한다는 의미로 정의했다(송현경, 2024).

감속기 제어의 문제 지표는 제조, 운행 등 동작을 정확하게 작동하도록 제어하는 데 필요한 감속기가 제대로 작동하지 않아서 기계나 부품이 마모되거나 고장 나면 상품 가치에 손실을 줄 수 있는 오작동의 위험성이 있으므로 장비의 효율적인 운영을 위해서 필수 부품 중 하나인 감속기 제어의 문제를 점검하여야 한다는 의미로 정의했다(송현경, 2024).

제어기 오류 지표는 장애물 등 제약 조건을 고려해 움직임과 위치를 제어하는 시스템 오류로 생산성이 떨어지면 재산 가치 하락의 위험성이 있으므로 업무 수행에 오차가 생기지 않도록 제어기 오류에 대해 점검하여야 한다는 의미로 정의했다(송현경, 2024).

재산 손실의 위험성 유형 중에서 잘못된 의사 결정 항목의 유형 재물 훼손 측정 지표는 (강아지 · 새 등) 다양한 반려동물의 장난을 공격으로 인식하거나 도자기, 장난감 등의 사물을 인식하지 못함으로써 반려동물이나 재물을 훼손할 위험성이 있어 유형의 재물에 대한 인식이나 장난 등 행위에 대해 잘못된 판단을 하지 않도록 점검하여야 한다는 의미로 정의했다(송현경, 2024).

인식 지능에 대한 오류 측정 지표는 물체의 종류, 크기 등을 AI 로봇이 정확하게 인식하지 못할 경우 명령대로 심부름을 수행하지 못함으로써 음식 등이 잘못 배달될 위험성이 있어 특정 물건을 구분하는 인식 지능에 대한 오류를 점검하여야 한다는 의미로 정의했다(송현경, 2024).

창작물 무단 복제 측정 지표는 인간의 창작 결과인 그림, 디자인 등을 무단으로 복제하거나 변형하여 지식 재산권에 손해를 입힐 위험성이 있어 창작물 무단 복제 또는 변형 가능성이 있는지에 대해 점검하여야 한다는 의미로 정의했다(송현경, 2024).

하자 상품 추천 측정 지표는 흠집 등으로 하자 있는 상품인지 아닌지를 정확하게 판단하지 못하는 경우 상품 추천을 잘못함으로써 구매자의 재산에 손실을 입힐 위험성이 있어 AI 로봇이 하자가 있는 상품을 추천할 가능성이 있는지에 대해 점검해야 한다는 의미로 정의했다(송현경, 2024).

안전거리 계산 오류 측정 지표는 제조 중 이동하거나

특정 위치에서 작업 시, 안전거리를 충분히 확보하지 못해 생산물을 망가뜨리거나 제조 시설물을 파손할 위험성이 있어 안전거리를 점검하여야 한다는 의미로 정의했다(송현경, 2024).

알고리즘의 최적화 성능 부족 측정 지표는 알고리즘 오류로 잘못된 금융 정보를 제공하거나 거래에 착오를 발생시킬 때 재산 손실을 끼칠 위험성이 있으므로 알고리즘 성능이 떨어지지 않게 최적의 상태를 유지하도록 AI 로봇 시스템 성능을 점검해야 한다는 의미로 정의했다(송현경, 2024).

사물 인식 판단 지능 저하 측정 지표는 제조 작업 중에서 부품을 잘못 인식하면 제품 제작에 차질이 생기고 상품의 생산성이 떨어져 재산 손실을 발생시킬 수 있는 위험성이 있으므로 사물 판단 인식 지능이 저하되지 않도록 점검해야 한다는 의미로 정의했다(송현경, 2024).

사회적 위험성 유형 중, 데이터 문제 항목의 데이터 유출 측정 지표란 'AI 로봇이 임무 중 생산한 위치 정보, 사용자 인증 정보, 촬영 영상 등 데이터를 권한 없는 자에게 제공할 위험성이 있으므로 데이터 유출을 점검해야 한다'라는 의미로 정의했다(송현경, 2024).

개인 등 정보 무작위 수집이라는 명칭의 측정 지표란

'특수한 목적이나 권한 없이 동의받지 않은 정보를 수집할 위험성이 있으므로 AI 로봇 시스템의 무작위 개인 정보 등 수집 여부를 점검하여야 한다'라는 의미로 정의했다(송현경, 2024).

부적절한 학습 데이터 수집 측정 지표는 새로운 어휘 습득 과정에서 데이터 수집이 적절하지 않음으로써 교육 목적에 어긋난 비속어 등을 습득해서 가르칠 사회적 위험성이 있으므로 부적절한 학습 데이터를 수집하는지를 점검해야 한다는 의미로 정의했다(송현경, 2024).

습득한 정보를 권한 없는 자에게 제공 측정 지표는 사용자가 입력한 내용을 무단으로 권한 없는 사람에게 제공해도 된다고 판단함으로써 개인 취향 등을 공유할 위험성이 있으므로 습득한 정보를 권한 없는 자에게 제공하지 않게 점검해야 한다는 의미로 정의했다(송현경, 2024).

허위 정보 제공이라는 명칭의 측정 지표는 정확하게 사실 확인이 되지 않은 신뢰할 수 없는 정보를 조합해서 믿을 만하게 가짜 뉴스로 만들어 배포할 경우 사회적으로 물의를 일으킬 위험성이 있으므로 AI 로봇 시스템이 허위 정보를 제공하는지 점검해야 한다는 의미로 정의했다(송현경, 2024).

사회적 위험성 유형 중 법규 판단 오류 항목의 법률, 규칙 혼동 측정 지표란 '불법 운행 중인 차량으로 인해 준수해야 할 법규에 혼동이 일어난다면 교통사고를 일으킬 위험성이 있어 관련 법률 등 학습 여부를 점검하여야 한다'라는 의미로 정의했다(송현경, 2024).

인간이 의도하지 않은 행위로 혼란 유발이라는 명칭의 측정 지표는 비정상적인 소음을 음성 명령으로 잘못 인식해서 허용되지 않은 행위나 판단을 하게 되면 혼란을 유발할 수 있는 위험성이 있으므로 인간이 의도하지 않은 행위로 혼란을 유발하는지 점검해야 한다는 의미로 정의했다(송현경, 2024).

차선, 신호 등 인식 오류라는 측정 지표는 운행 중, 센서 이상으로 차선·신호를 잘못 인식할 때 다른 차량과 부딪히는 등 교통사고를 일으킬 위험성이 있으므로 차선·신호 등을 인식하는 기능에 오류 여부를 점검해야 한다는 의미로 정의했다(송현경, 2024).

법규 최신화 업데이트 오류 측정 지표는 개정된 법률이나 규칙 등이 시행되기 이전까지 학습되지 않을 때 교통질서를 준수하지 못해 발생할 사회적 위험성이 있으므로 최신화된 법규 데이터로 학습이 되도록 업데이트 오류를 사전에 점검해야 한다는 의미로 정의했다(송현경, 2024).

허용되지 않은 권한의 오인 판단이라는 명칭의 측정 지표란 'AI 로봇이 인간 존중 원칙을 준수하지 않고, 지적 수준으로 인간을 무시하는 등 허용되지 않은 권한이 있다고 판단하는지를 점검하여야 한다'라는 의미로 정의했다(송현경, 2024).

사회적 위험성 유형 중 도로상 작동 이상 항목의 관리 부실 등 연료 부족으로 정상 운행 중 작동 정지 측정 지표는 '시동이 꺼져 도로에서 운행이 정지되면 교통 체증을 유발할 위험성이 있으므로, 관리 부실로 운행 정지가 되지 않도록 연료나 배터리 충전 상태를 점검하여야 한다'라는 의미로 정의했다(송현경, 2024).

통신 이상 등 장애 측정 지표는 통신이 끊기거나 프로그램 오류 등으로 운행 중 멈추게 되면 교통 혼잡을 유발한다거나 다른 차량의 통행을 방해할 위험성이 있으므로 도로에서 통신 이상 등 장애가 발생하지 않도록 점검해야 한다는 의미로 정의했다(송현경, 2024).

보행자 통행 방해 측정 지표는 '도로상에 떨어진 적재물 등 장애물을 피하고자 보도를 침범하면 보행자의 통행을 방해할 위험성이 있으므로 인간의 안전한 통행을 방해하는 판단을 하는지를 점검하여야 한다'라는 의미로 정의했다(송현경, 2024).

도로 매칭 알고리즘 오류라는 명칭의 측정 지표는 알고리즘 오류로 자기 위치 인식에 실패하면 배달 지연이나 다른 차량의 통행을 방해할 위험성이 있으므로 실시간 좌표를 정확하게 맞추도록 통신 장비나 도로 매칭 알고리즘을 점검해야 한다는 의미로 정의했다(송현경, 2024).

주변 환경 변화에 대한 반응 속도 저하 측정 지표는 외부 환경에 대한 충분한 대응 훈련이나 학습이 부족하면 변하는 환경에 적응하지 못해서 교통 혼잡을 유발할 위험성이 있으므로 주변 환경 변화에 반응하는 속도가 저하되지 않도록 기능을 점검해야 한다는 의미로 정의했다(송현경, 2024).

이동 속도 제어나 조절 실패로 운행 정지 명칭의 측정 지표는 감속기나 속도 제어 시스템 이상으로 도로상에서 운행이 정지되면 교통 혼잡을 유발하거나 다른 차량의 통행에 방해가 될 위험성이 있어 이동 속도를 제어하거나 조절하는 기능을 점검해야 한다는 의미로 정의했다(송현경, 2024).

데이터 업데이트 오류 측정 지표는 시설물, 도로 등 환경 변화를 반영한 최신 데이터로 업데이트하지 않으면 운행 중 오류가 발생해 사고를 유발할 위험성이 있으므로 오류가 발생하지 않도록 데이터 자동 업데이트를 점검해야 한다는 의미로 정의했다(송현경, 2024).

다음 단계로 AI 로봇의 위험성을 유형별로 나누고 항목별 측정 지표가 정적인 영향을 미치는지 검증하고자 다중 회귀 분석하였다.

일반적으로 사회 과학 연구 논문에서는 정적(+) 및 부적(-) 영향이라는 단어를 사용하는데, 통계 결과가 연구 가설대로 영향을 미치면 정적이라고 하고 반대의 결과가 나오면 부적이라고 보면 된다.

다중 회귀 분석이란 독립 변수가 여러 개이고 종속 변수가 한 개인 경우에 실시하며, 독립 변수가 종속 변수에 미치는 영향을 확인할 수 있는 검증 방법이다(조철호, 2021).

먼저 해당 연구의 위험성 유형별 11개 항목별 측정 지표 간 인과 관계를 검증하기 위해 다중 회귀 분석을 통한 검증을 하고자 다음과 같이 연구 가설을 설정했다(송현경, 2024).

가설 1. 센서 및 인식 오류는 운행, 작업 중 작동 이상에 정(+)적 영향이 있을 것이다.

가설 2. 운동 지능 제어 실패는 운행, 작업 중 작동 이상에 정(+)적 영향이 있을 것이다.

가설 3. 기체 성능 저하는 운행, 작업 중 작동 이상에 정(+)적 영향이 있을 것이다.

가설 4. 프로그램 오류로 인한 오작동은 운행, 작업 중 작동 이상에 정(+)적 영향이 있을 것이다.

가설 5. 통신 장애 등 사고 위험 감지 지연은 운행, 작업 중 작동 이상에 정(+)적 영향이 있을 것이다.

가설 6. 모션 제어 시스템 성능 저하는 운행, 작업 중 작동 이상에 정(+)적 영향이 있을 것이다.

가설 7. 부품 교체 시기 경과는 운행, 작업 중 작동 이상에 정(+)적 영향이 있을 것이다.

가설 8. 의도 파악 인식 오류는 인간을 해칠 판단에 정(+)적 영향이 있을 것이다.

가설 9. 협동 작업 중, 규칙 판단 지능의 오류는 인간을 해칠 판단에 정(+)적 영향이 있을 것이다.

가설 10. 프로그램의 판단 오류로 사고 희생자 선택 착오는 인간을 해칠 판단에 정(+)적 영향이 있을 것이다.

가설 11. 학습량 부족으로 맞지 않는 의학적 자료 제공은 인간을 해칠 판단에 정(+)적 영향이 있을 것이다.

가설 12. 학습된 규칙이나 로봇의 원칙을 넘어서는 판단은 인간을 해칠 판단에 정(+)적 영향이 있을 것이다.

가설 13. 라벨링 오류로 인한 잘못된 정보 제공은 인간을 해칠 판단에 정(+)적 영향이 있을 것이다.

가설 14. 장애물 인식 오류는 인간을 해칠 판단에 정(+)적 영향이 있을 것이다.

가설 15. 비상 상황 안전 정지 모니터링 실패는 인간을 해칠 판단에 정(+)적 영향이 있을 것이다.

가설 16. 명령어 등 음성 잘못 인식은 인격권 침해에 정(+)적 영향이 있을 것이다.

가설 17. 감정 피드백 오류는 인격권 침해에 정(+)적 영향이 있을 것이다.

가설 18. 대상 인식 판단 오류는 인격권 침해에 정(+)적 영향이 있을 것이다.

가설 19. 도덕성 검증이 되지 않은 학습 데이터 사용은 인격권 침해에 정(+)적 영향이 있을 것이다.

가설 20. 멀티 모달리티 오류는 인격권 침해에 정(+)적 영향이 있을 것이다.

가설 21. 의사 결정을 특정 방향으로 유도는 자유의사 방해에 정(+)적 영향이 있을 것이다.

가설 22. 여론 형성 조장은 자유의사 방해에 정(+)적 영향이 있을 것이다.

가설 23. 중요한 결정을 위한 관리자의 개입 차단은 자유의사 방해에 정(+)적 영향이 있을 것이다.

가설 24. 필터링 오류로 의사 표현의 자율성 침해는 자유의사 방해에 정(+)적 영향이 있을 것이다.

가설 25. 우월적인 지위를 이용해서 인간의 심리 지배는 자유의사 방해에 정(+)적 영향이 있을 것이다.

가설 26. 학습 데이터 오류로 인해 잘못된 언어의 사용은 선택적 서비스나 정보 제공에 정(+)적 영향이 있을 것이다.

가설 27. 편향된 학습 데이터로 인한 차별적 정보 제공은 선택적 서비스나 정보 제공에 정(+)적 영향이 있을 것이다.

가설 28. 시스템 공격 등으로 개인 정보의 침해나 유출은 선택적 서비스나 정보 제공에 정(+)적 영향이 있을 것이다.

가설 29. 대상자의 지식수준에 따라 선별적 정보 제공은 선택적 서비스나 정보 제공에 정(+)적 영향이 있을 것이다.

가설 30. 시나리오 설계 문제로 부적절한 콘텐츠 제공은 선택적 서비스나 정보 제공에 정(+)적 영향이 있을 것이다.

가설 31. 시스템 접근 제어망 침범은 정보 입력, 탈취에 정(+)적 영향이 있을 것이다.

가설 32. 비인가 시스템 접근 허용은 정보 입력, 탈취에 정(+)적 영향이 있을 것이다.

가설 33. 악성 코드, 바이러스 감염 등으로 시스템 오류는 정보 입력, 탈취에 정(+)적 영향이 있을 것이다.

가설 34. 데이터 손실 방지 시스템 취약은 정보 입력, 탈취에 정(+)적 영향이 있을 것이다.

가설 35. 허용되지 않은 정보 수집 및 이용은 정보 입력, 탈취에 정(+)적 영향이 있을 것이다.

가설 36. 센서 모니터링 실패는 기계 결함 오작동에 정(+)적 영향이 있을 것이다.

가설 37. 다양한 상황에 의한 충돌로 시설물 파손은 기계 결함 오작동에 정(+)적 영향이 있을 것이다.

가설 38. 모터, 유압 등 구동부 문제는 기계 결함 오작동에 정(+)적 영향이 있을 것이다.

가설 39. 정기 검사 미점검 등 정비 불량은 기계 결함 오작동에 정(+)적 영향이 있을 것이다.

가설 40. 감속기 제어의 문제는 기계 결함 오작동에 정(+)적 영향이 있을 것이다.

가설 41. 제어기 오류는 기계 결함 오작동에 정(+)적 영향이 있을 것이다.

가설 42. 유형의 재물 훼손은 잘못된 의사 결정에 정(+)적 영향이 있을 것이다.

가설 43. 인식 지능에 대한 오류는 잘못된 의사 결정에 정(+)적 영향이 있을 것이다.

가설 44. 창작물 무단 복제는 잘못된 의사 결정에 정(+)적 영향이 있을 것이다.

가설 45. 하자 상품 추천은 잘못된 의사 결정에 정(+)적 영향이 있을 것이다.

가설 46. 안전거리 계산 오류는 잘못된 의사 결정에 정(+)적 영향이 있을 것이다.

가설 47. 알고리즘의 최적화 성능 부족은 잘못된 의사 결정에 정(+)적 영향이 있을 것이다.

가설 48. 사물 인식 판단 지능 저하는 잘못된 의사 결정에 정(+)적 영향이 있을 것이다.

가설 49. 데이터 유출은 데이터 문제에 정(+)적 영향이 있을 것이다.

가설 50. 개인 등 정보 무작위 수집은 데이터 문제에 정(+)적 영향이 있을 것이다.

가설 51. 부적절한 학습 데이터 수집은 데이터 문제에 정(+)적 영향이 있을 것이다.

가설 52. 습득한 정보를 권한 없는 자에게 제공은 데이터 문제에 정(+)적 영향이 있을 것이다.

가설 53. 허위 정보 제공은 데이터 문제에 정(+)적 영향이 있을 것이다.

가설 54. 법률, 규칙 혼동은 법규 판단 오류에 정(+)적 영향이 있을 것이다.

가설 55. 인간이 의도하지 않은 행위로 혼란 유발은 법규 판단 오류에 정(+)적 영향이 있을 것이다.

가설 56. 차선, 신호 등 인식 오류는 법규 판단의 오류에 정(+)적 영향이 있을 것이다.

가설 57. 법규 최신화 업데이트 오류는 법규 판단 오류에 정(+)적 영향이 있을 것이다.

가설 58. 허용되지 않은 권한의 오인 판단은 법규 판단 오류에 정(+)적 영향이 있을 것이다.

가설 59. 관리 부실 등 연료 부족으로 정상 운행 중 작동 정지는 도로상 작동 중지에 정(+)적 영향이 있을 것이다.

가설 60. 통신 이상 등 장애는 도로상 작동 중지에 정(+)적 영향이 있을 것이다.

가설 61. 보행자 통행 방해는 도로상 작동 중지에 정(+)적 영향이 있을 것이다.

가설 62. 도로 매칭 알고리즘 오류는 도로상 작동 중지에 정(+)적 영향이 있을 것이다.

가설 63. 주변 환경 변화에 대한 반응 속도 저하는 도로상 작동 중지에 정(+)적 영향이 있을 것이다.

가설 64. 이동 속도 제어나 조절 실패로 운행 정지는 도로상 작동 중지에 정(+)적 영향이 있을 것이다.

가설 65. 데이터 업데이트 오류는 도로상 작동의 중지에 정

(+)적 영향이 있을 것이다.

이어서 11개 항목과 위험성 유형 간의 인과 관계를 연구하기 위한 가설을 다음과 같이 설정했다.

가설 66. AI 로봇의 운행, 작업 중에 작동 이상은 신체에 대한 물리적 위험성에 정(+)적 영향이 있을 것이다.
가설 67. AI 로봇의 인간을 해칠 판단은 신체에 대한 물리적 위험성에 정(+)적 영향이 있을 것이다.
가설 68. AI 로봇의 인격권 침해는 인간의 권리에 대한 위험성에 정(+)적 영향이 있을 것이다.
가설 69. AI 로봇의 자유의사 방해는 인간의 권리에 대한 위험성에 정(+)적 영향이 있을 것이다.
가설 70. AI 로봇의 선택적 서비스나 정보 제공은 인간의 권리에 대한 위험성에 정(+)적 영향이 있을 것이다.
가설 71. AI 로봇의 정보 입력, 탈취는 재산 손실의 위험성에 정(+)적 영향이 있을 것이다.
가설 72. 인공지능 로봇의 기계 결함 오작동은 재산 손실의 위험성에 정(+)적 영향이 있을 것이다.
가설 73. AI 로봇의 잘못된 의사 결정은 재산 손실의 위험성에 정(+)적 영향이 있을 것이다.

가설 74. AI 로봇의 데이터 문제는 사회적 위험성에 정(+)적 영향이 있을 것이다.

가설 75. 인공지능 로봇의 법규 판단 오류는 사회적 위험성에 정(+)적 영향이 있을 것이다.

가설 76. AI 로봇의 도로상 작동 중지는 사회적 위험성에 정(+)적 영향이 있을 것이다.

1단계 델파이 연구 및 2단계 연구 현장성 설문의 통계 분석 결과, 최종 AI 로봇의 신체에 대한 물리적 위험성, 인간 권리에 대한 위험성, 재산 손실의 위험성, 사회적 위험성 측정 모형이 개발되었다.

다중 회귀 분석 결과, 4개의 위험성 유형별 11개 항목의 정적 영향을 미치는지를 검증하기 위한 가설 66~76번 모두 통계적으로 유의한 수치로 나타나, 11개 모두 최종 검증 개발되었다.

다중 회귀 분석 결과, 11개 항목별 65개 측정 지표 중, 통계적으로 유의하지 않은 수치로 나타난 13개 측정 지표(가설 7, 가설 12, 가설 15, 가설 18, 가설 25, 가설 29, 가설 35, 가설 40, 가설 48, 가설 52, 가설 58, 가설 63, 가설 64)는 제외되었다.

따라서 통계적으로 유의한 수치로 나타난 52개 측정

지표의 연구 가설은 모두 채택되었다.

AI 로봇의 위험성 유형별 측정 지표 연구에서는 1단계 및 2단계 연구 방법으로 통계 검증한 결과, 4개 위험성 유형별 11개 항목 및 52개 측정 지표를 개발했다.

참고문헌

김희철 외(2023). "Suggestions for Developing a Metaverse Platform for Educational Purpose: A Delphi Study". 《한국컴퓨터정보학회지》, 28(2), 235~246쪽. https://doi.org/10.9708/jksci.2023.28.02.235

송현경(2024). "인공지능 로봇의 위험성 유형별 측정지표 개발과 인공지능 윤리원칙 관계성 연구". 성균관대학교 일반대학원 박사학위논문. https://dcollection.skku.edu/common/orgView/000000178190

송현경·안성진(2023.6). "AI 로봇의 위험성 예방을 위한 측정지표에 관한 연구". 《인터넷정보학회논문지》, 24(3), 27~41쪽. http://dx.doi.org/10.7472/jksii.2023.24.3.27

이종성(2001). 《델파이 방법》. 교육과학사.

조철호(2021). 《SPSS/AMOS 활용 구조방정식모형 논문통계분석(제3판)》. 청람.

허진(2023.5.2). "'AI 대부'의 경고… "통제가능 확신 전까지 기술 확장은 위험"". 서울경제. https://www.sedaily.com/NewsView/29PF8UOVWT

09
AI 윤리 원칙과의 관계성

AI 시스템은 특정 지역에 한정되지 않고, 전 세계 어디에서든 누구나 사용할 수 있는 세계화가 특징이라고 할 수 있다. AI 로봇의 위험성 유형별 측정 지표를 국가 정책이나 제도로 활용하기 위해서는 유럽 · 미국 등에서 인정하는 AI 윤리 가이드라인을 통해 검증할 필요가 있다. AI 로봇의 위험성 유형별 측정 지표와 표준화된 AI 윤리 원칙 간의 관계성 연구를 정리했다.

AI와 기자?

범용성 있는 표준화된 AI 윤리 원칙

AI 로봇의 위험성 유형별 측정 지표가 법 · 제도 · 정책 등 범용적으로 활용 가치가 있으려면 국제 사회에서 통용되는 AI 윤리 원칙과 관계성 연구는 필연적이다. 이를 위해 표준화된 AI 윤리 원칙을 찾는 것은 매우 중요하다.

AI 로봇을 안전하게 상용화하기 위해서는 기획 · 개발하는 단계부터 위험성을 예방하기 위한 제도적 장치가 있어야 하고, 기술 매뉴얼이나 윤리 점검 지표 등 사회적으로 허용 가능한 가이드라인이 필요하다.

AI의 본격적 도입으로 인한 문제점이 쟁점이 되면서 국내외에서도 AI 윤리 원칙을 정책 및 제도화함에 따라 관련된 연구가 많이 나오고 있다.

선행 연구 중, AI 로봇의 위험성 유형별 측정 지표와 관련된 AI 윤리 원칙 기반의 인격권 및 재산 보호를 위한 AI 윤리 측정 지표에 관한 연구(소순주 · 안성진, 2022) 및 AI 윤리 원칙 분류 모형 및 윤리 측정 지표 개발과 신뢰성에 관한 연구 논문을 참고 문헌으로 활용했다(소순주, 2023).

해당 논문들은 국내외에 나와 있는 AI 윤리 원칙 구성 요소들을 문헌 분석하고, 전문가 대상 설문 조사를 통해서 표준화된 AI 윤리 원칙 및 구성 요소를 도출한 데 의미가 있다. 따라서 범용성 있는 AI 로봇의 위험성 측정 지표가 AI 윤리 원칙 관계성 연구에 적절하다는 전문가들의 일치된 의견이 있어 저자의 연구에도 채택되었다.

AI 윤리 원칙 5개는 투명성, 책무성, 공정성, 통제성, 안전성으로 구성되어 있다(소순주, 2023).

투명성은 AI에 의해 어떤 행위가 왜 발생했는지 혹은 어떤 행위가 발생하지 않았는지를 명확하게 검증이 가능한 원칙으로 정의한다(소순주, 2023).

책무성은 AI 기술 및 서비스에 대한 정보 공유, 사고 등의 책임 분배를 명확하게 규정하고, 배상의 정도를 정확히 측정해 문제 발생 시 원인을 객관적으로 상세화하고 그 결과를 누구에게 물어야 하는가에 대한 행위 주체별 책임에 대한 원칙으로 정의한다(소순주, 2023).

공정성은 AI가 데이터를 처리하는 과정에서부터 AI 기능을 이용하는 단계에 이르기까지 특정 개인이나 집단에 차별, 편향되지 않도록 공정하게 보장되어야 하는 원칙으로 정의한다(소순주, 2023).

통제성은 AI 기술 및 서비스에 대한 인간의 제어 가능성 및 오작동에 대한 대비책을 미리 마련하고, 이용자의 선택권을 최대한 보장하며 AI 모니터링으로 사전에 위험을 방지할 수 있는 원칙으로 정의한다(소순주, 2023).

안전성은 AI 시스템의 판단, 예측 결과에 따라 시스템 오작동과 위험, 부작용 등이 발생하여 이용자와 환경에 악영향이 미치지 않도록 AI 수명 전반에 걸쳐 안전하게 유지, 예방할 수 있는 원칙으로 정의한다(소순주, 2023).

투명성 윤리 원칙에 포함된 구성 요소는 설명 가능성, 추적 가능성, 검증 가능성, 식별 가능성이 있다(소순주, 2023).

설명 가능성은 AI의 판단, 예측에 대한 근거와 결과 과정을 이해관계자가 쉽게 이해할 수 있도록 단어나 문장, 그림, 데이터 등으로 표현하여 설명하는 요소라고 정의한다(소순주, 2023).

추적 가능성은 AI에 문제가 발생하면, 여러 데이터에 신속하게 접근해 문제 발생 원인을 추적하도록 하는 요소라고 정의한다(소순주, 2023).

검증 가능성은 AI가 기술과 기능, 역할이 구분돼 있어, 안전성을 보장하기 위해 일정 기준의 시험 · 검증이 가능해야 한다는 요소라고 정의한다(소순주, 2023).

식별 가능성은 AI의 작동 과정 구현을 위해 소프트웨어의 기능 및 내용에 대해서 이해관계자가 쉽게 식별하여 확인할 수 있게 하는 요소라고 정의한다(소순주, 2023).

책무성 윤리 원칙에 포함된 구성요소는 준법성, 책임

식별성, 이용자 책임성, 개발 표준성이 있다(소순주, 2023).

준법성은 AI 이해관계자 · 사용자는 사고 발생 시, 책임을 명확하게 하고자 제반 법규, 윤리 가이드라인을 준수해야 하는 요소라고 정의한다(소순주, 2023).

책임 식별성은 AI가 법적 기준 및 윤리적 기준에서 이해관계자가 책임지도록 전 과정을 기록하고 보관하여 문제가 발생했을 때, 행위의 주체가 누구인지 명확하게 해서 책임을 식별하게 하는 요소라고 정의한다(소순주, 2023).

이용자 책임성은 이용자가 AI 소프트웨어를 최신 상태로 업데이트하며, AI를 정해진 목적이나 서비스 약관 규정에 따라 사용해야 하는 책임 요소라고 정의한다(소순주, 2023).

개발 표준성은 AI 설계와 개발은 AI 윤리를 준수하여야 하며, 시스템 간 상호 연결, 운용할 수 있게 국제 표준 · 인증 등 표준 규격을 준용해서 개발 및 배포하도록 하는 책임 요소라고 정의한다(소순주, 2023).

공정성 윤리 원칙에 포함된 구성 요소는 접근성, 알고리즘 차별성, 데이터 편향성, 공공성이 있다(소순주, 2023). 접근성은 AI를 누구나 공평하게 이용할 수 있고 통제할 수 있어야 하며, AI가 개인 · 취약 계층이 차별받지 않게 공평하게 분배되어야 하며, 재화나 교육, 기술, 서비스 등 접근할 기회를 동등하게 제공하도록 하는 요소라고 정의한다(소순주, 2023).

알고리즘 차별성은 인위적 · 의도적인 조작으로 알고리즘 처리 결과가 편향되게 나타나는 등 공정성 및 투명성, 정확성을 훼손하는 요소라고 정의한다(소순주, 2023).

데이터 편향성은 AI 학습용 데이터를 수집해서 가공하고 반영하는 과정에서 인위적이나 의도적으로 개입 또는 조작하여 AI 처리 결과가 편향되게 나타나는 등 공정성과 신뢰성을 훼손하는 요소라고 정의한다(소순주, 2023).

공공성은 AI 기술이 많은 사람에게 도움을 주어야 하며, AI에 의해 도출된 경제적 이익이나 혜택 등은 모든 인류에게 광범위하게 공유되어야 하고, 이로 인한 위험과 부작용 등 피해가 발생하지 않게 하는 요소라고 정의한다(소순주, 2023).

통제성 윤리 원칙에 포함된 구성 요소는 제어 가능성, 모니터링, 이용자 주도성이 있다(소순주, 2023).

제어 가능성이란 AI 오작동으로 위험한 상황이 발생하

거나, 법규 위반 또는 사회적 규범을 저해하는 등 이상 징후가 발생하면, 이용자가 그 즉시 작동을 제어하거나 정지시킬 수 있게 하는 요소라고 정의한다(소순주, 2023).

모니터링이란 학습용 데이터나 법규 적용이 적절했는지, 서비스 이상 징후, 오작동으로 인한 결과, 정상 작동 여부 등을 상시 감시함으로써 위험이나 부작용을 예방하게 하는 요소라고 정의한다(소순주, 2023).

이용자 주도성은 AI 이용자가 AI의 서비스 범위 내에서 기능을 자율적으로 조작하여 편의성을 향상하고, 위험을 회피하거나, 법규나 사회적 규범을 준수하게 하는 것이 가능하게 하는 요소라고 정의한다(소순주, 2023).

안전성 윤리 원칙에 포함된 구성 요소는 상태 인식성, 견고성, 보안성, 프라이버시 보호, 가치 정렬이 있다(소순주, 2023).

상태 인식성은 AI 이용자가 인공지능이 안전하게 작동되고 있는지 상태를 확인할 수 있어야 하며, 위험이나 부작용이 발생하면 인공지능이 즉시 상황을 알려 사용자가 예방 또는 대처할 수 있도록 하는 요소라고 정의한다(소순주, 2023).

견고성은 AI가 외부 간섭이나 극한의 운영 환경에서도 이용자가 의도한 대로 AI 성능과 기능을 유지할 수 있도록 하는 요소라고 정의한다(소순주, 2023).

보안성은 AI 시스템이 이용자로부터 인가받지 못한 정보를 수집하지 못하며, 해킹 등 외부 공격으로부터 보호할 수 있어야 하고, 무결성, 기밀성, 가용성 등을 확보하도록 보안 검증 및 타당성을 확인하게 하는 요소라고 정의한다(소순주, 2023).

프라이버시 보호는 인공지능 사용자와 타인의 사생활 안전 및 개인의 사적 비밀이 포함된 통신상 프라이버시가 침해되지 않도록 해야 하며, AI를 이용하는 전 과정에서 개인 프라이버시를 보호할 수 있게 하는 요소라고 정의한다(소순주, 2023).

가치 정렬이란 고도화된 자율적 AI 시스템은 작동 중에 목표와 행동이 인간이 추구하는 가치와 일치하도록 설계, 개발되어야 한다는 요소라고 정의한다(소순주, 2023).

AI 로봇의 위험성 유형별 측정 지표와 AI 윤리 원칙 간 관계성 연구

AI 윤리 원칙은 AI에 대한 학문적 개념 및 개발의 전 과정이나 사용 시 문제점 등 전반적인 지식을 갖춘 고도의 전문성이 필요한 분야다. 따라서 관계성 연구를 위해서는 AI 로봇의 위험성 유형별 측정 지표와 AI 윤리 원칙에 대한 개념이 정립된 전문가 구성이 매우 중요하다.

AI 개발자 · 윤리학자 · 교육학자 · 공공 기관 등 전문가 5명을 대상으로 인터뷰했다(송현경, 2025). 전문가 중 일부는 대면하였고, 일부는 이메일을 활용하여, 총 3회에 걸쳐 전문가 인터뷰를 했다(송현경, 2025).

AI 로봇의 위험성 유형별 52개 측정 지표를 하나씩 조작적 정의를 검토해 가면서 가장 밀접하게 관련 있는 내용으로 AI 투명성 · 책무성 · 공정성 · 통제성 · 안전성 윤리 원칙의 구성 요소를 도출했다(송현경, 2025).

전문가 인터뷰를 통해 관련성을 도출한 위험성 측정 지표와 AI 윤리 원칙 간 관계성을 위한 델파이 설문 조사에는 14명의 전문가가 참여했다(송현경, 2025). 델파이 설문조사를 통계 분석한 결과, 모든 측정 지표가 타당성 있는 수치로 나타났으며, 신뢰도 및 상관관계 분석을 위해 127명이 참여한 현장성 검증 설문을 했다(송현경, 2025).

AI 로봇의 위험성 유형별 측정 지표와 AI 윤리 원칙 관계성 연구 결과에 대한 이해를 돕기 위해 다음과 같이 내용을 정리했다.

AI 로봇의 센서 · 인식 오류, 운동 지능 제어 실패와 프로그램 오류로 인한 오작동, 기체 및 모션 제어 시스템 성능 저하, 통신 장애 등 사고 위험 감지 지연 지표는 운행 · 작업 중 작동 이상을 측정하기 위해 개발되었다(송현경, 2024). 의도 파악 인식 오류와 학습량 부족으로 맞지 않는 의학적 자료 제공, 협동 작업 중 규칙 판단 지능 오류 및 프로그램 판단 오류로 사고 희생자 선택 착오, 장애물 인식 오류, 라벨링 오류로 인한 잘못된 정보 제공 지표는 인간을 해칠 수 있는 판단을 하는지를 측정하기 위해 개발되었다(송현경, 2024).

운행, 작업 중 작동 이상과 인간을 해칠 판단은 신체에 대한 물리적 위험성을 일으킬 수 있는 항목임을 검증했다(송현경, 2024).

신체에 대한 물리적 위험성 측정 지표는 AI 안전성 원칙의 견고성 · 상태 인식성, 책무성 원칙의 준법성, 통제성 원칙의 제어 가능성, 투명성 원칙의 설명 가능성 · 추적 가능성과 관계 있음을 알 수 있었다(송현경, 2024).

감정 피드백 오류, 명령어 등 음성을 잘못 인식, 도덕성 검증이 되지 않은 학습 데이터 사용, 멀티 모달리티 오류 지표는 AI 로봇이 인격권을 침해하는지를 측정하기 위해 개발되었다(송현경, 2024).

여론 형성 조장, 의사 결정을 특정 방향으로 유도, 중요한 결정을 위한 관리자의 개입 차단 및 필터링 오류로 의사 표현의 자율성 침해 지표는 AI 로봇이 인간의 자유로운 의사 결정을 방해하는지를 측정하기 위해 개발되었다(송현경, 2024).

AI 로봇의 편향된 학습 데이터 사용으로 인한 차별적 정보 제공 및 학습 데이터 오류로 잘못된 언어 사용, 시스템 공격 등 개인 정보 침해나 유출 · 시나리오 설계 문제로 부적절한 콘텐츠 제공 지표는 선택적 서비스 · 정보를 제공하는지 측정하려고 개발되었다(송현경, 2024).

인격권 침해, 자유의사 방해, 선택적 서비스나 정보 제공은 인간 권리에 대한 위험성을 일으킬 수 있는 항목임을 검증했다(송현경, 2024).

인간 권리에 대한 위험성 측정 지표는 AI 윤리 원칙 중, 공정성 원칙의 데이터 편향성 · 알고리즘 편향성, 안전성 원칙의 가치 정렬 · 견고성 · 상태 인식성 · 프라이버시 보호, 통제성 원칙의 모니터링 · 이용자 주도성, 투명성 원칙의 설명 가능성 · 식별 가능성 · 추적 가능성 구성 요소와 관계있음을 알 수 있었다(송현경, 2024).

AI 로봇이 시스템 접근 제어망 침범이나 악성코드, 바이러스 감염 등 시스템 오류, 비인가 시스템 접근 허용, 데이터 손실 방지 시스템 취약 지표는 정보 입력, 탈취의 문제가 생길 수 있는지를 측정하려고 개발되었다(송현경, 2024).

AI 로봇의 기계 결함으로 인한 오작동 여부를 측정하기 위해 모터 · 유압 등 구동부 문제, 다양한 상황에 의한 충돌로 시설물 파손, 센서 모니터링 실패, 정기 검사 미점검 등 정비 불량, 제어기 오류 지표가 개발되었다(송현경, 2024). AI 로봇의 인식 지능에 대한 오류, 유형의 재물 훼손, 하자 상품 추천, 창작물 무단 복제, 알고리즘 최적화 성능 부족, 안전거리 계산 오류 지표는 잘못된 의사 결정을 측정하기 위해 개발되었다(송현경, 2024).

정보 입력 · 탈취, 기계 결함 오작동, 잘못된 의사 결정은 재산 손실의 위험성을 일으킬 수 있는 항목임을 검증했다(송현경, 2024).

재산 손실 위험성 측정 지표는 AI 윤리 원칙 중에서 안전성 원칙의 견고성 · 보안성 · 상태 인식성, 책무성 원칙의 이용자 책임성 · 준법성 · 책임 식별성, 통제성 원칙의 모니터링 · 제어 가능성, 투명성 원칙의 추적 가능성과 관계가 있음을 알 수 있었다(송현경, 2024).

AI 로봇이 개인 등 정보 무작위 수집, 데이터 유출, 허위 정보 제공, 부적절한 학습 데이터 수집 지표는 데이터 문제 측정을 위해 개발되었다(송현경, 2024). 법률 · 규칙 혼동 및 법규 최신화 업데이트 오류, 차선 · 신호 등 인식 오류, 인간이 의도하지 않은 행위로 혼란 유발 지표는 법규 판단 오류 측정을 위해 개발되었다(송현경, 2024).

통신 이상 등 장애, 관리 부실 등 연료 부족으로 정상 운행 중 작동 정지, 도로 매칭 알고리즘 오류, 보행자 통행 방해, 데이터 업데이트 오류 지표는 도로상 작동 중지 측정을 위해 개발되었다(송현경, 2024).

데이터 문제, 법규 판단 오류, 도로상 작동 중지는 사회적 위험성을 일으킬 수 있는 항목임을 검증했다(송현경, 2024).

사회적 위험성의 측정 지표는 AI 윤리 원칙 중에서 공정성 원칙의 공공성, 안전성 원칙의 가치 정렬 · 견고성 · 보안성 · 프라이버시 보호 · 책무성 원칙의 이용자 책임성 · 준법성, 통제성 원칙의 모니터링 · 제어 가능성과 관계 있음을 알 수 있었다(송현경, 2024).

AI 로봇의 위험성 유형별 측정 지표와 AI 윤리 원칙 구성요소와의 관계성 연구는 전문가 인터뷰, 델파이 설문 조사, 현장성 검증 설문 조사를 통계 검증했다.

참고문헌

소순주(2023). "인공지능 윤리원칙 분류 모형 및 윤리 측정지표 개발과 신뢰성에 관한 연구". 성균관대학교 일반대학원 박사학위논문.

소순주·안성진(2022). "인공지능 윤리원칙 기반의 인격권 및 재산보호를 위한 인공지능 윤리 측정지표에 관한 연구". 《인터넷정보학회논문지》, 23(3), 111~123쪽. http://dx.doi.org/10.7472/jksii.2022.23.3.111

송현경(2024). "인공지능 로봇의 위험성 유형별 측정지표 개발과 인공지능 윤리원칙 관계성 연구". 성균관대학교 일반대학원 박사학위논문. https://dcollection.skku.edu/common/orgView/000000178190

송현경(2025). "인공지능 로봇의 위험성 유형별 측정지표와 인공지능 윤리원칙 간의 관계성에 관한 연구". 《인터넷정보학회논문지》, 26(1), 117~128쪽. http://dx.doi.org/10.7472/jksii.2025.26.1.117

10
AI 로봇 위험성 측정 지표 활용 방안

AI 로봇은 인간처럼 스스로 학습하고 상황을 판단하는 AI 시스템을 탑재한 기계로 AI의 잘못된 판단에 대해서는 윤리적 지표로 점검하고, 기체 문제는 기계 공학적인 기술 지표로 점검해야 한다. 전문가 그룹의 미래 예측적 방법으로 개발된 저자의 AI 로봇의 위험성 유형별 측정 지표는 기술적 문제와 윤리적 문제를 모두 점검할 수 있다는 점에서 의미가 크다. AI 로봇의 위험성 측정 지표를 범용적으로 활용할 수 있는 방안을 정리했다.

AI와 미래 의사?

AI 로봇 위험성 측정 지표의 의미

저자가 개발한 AI 로봇의 위험성 유형별 측정 지표는 국내외 관련 법, 제도, 정책이나 선행 연구에는 없었던 AI 로봇 관련 위험성을 기술적 및 윤리적으로 측정할 수 있는 지표를 도출했다는 것에 연구의 큰 가치가 있다.

배달 로봇이 상용화되면서 관련 법이 개정되는 등 AI 로봇의 운행 중 도로상 작동 중지로 인한 문제, 교통법규 미준수 등을 모두 점검할 수 있는 측정 지표의 가치와 중요성은 더 커지고 있다.

활용 방안

AI 로봇은 스스로 학습하고 상황을 판단하는 AI 시스템을 탑재한 기계로 AI의 잘못된 판단에 대해서는 윤리 지표로 점검하고, 기체 문제는 기계 공학적 기술 지표로 점검해야 한다(송현경, 2024).

전문가들의 집단 지성을 활용하여 미래 예측적인 델파이 연구 기법을 통해 개발된 AI 로봇의 위험성 유형별 측정 지표는 로보틱스 등 공학 분야에서 정확한 움직임 등을 평가할 지표 개발에 활용할 수 있는 기반이 되는 연구의 초석이 될 것이다(송현경, 2024).

이 외에도 AI 로봇 관련 법 · 제도 입안 및 기술 정책 수립, 교육 등 여러 분야에서 활용할 수 있을 것이다. 우리나라 정부 기관 어디에서든 AI 로봇이 활용될 수 있으므로 관련 없는 부처는 없을 것이다. 하지만 범정부 차원이나 부처별 또는 통합적으로 활용할 수 있는 AI 로봇의 안전성을 점검할 수 있는 지표는 없는 실정이다. 2023년 과학기술정보통신부 · 한국정보통신기술협회(TTA)가 만든 공공 사회 분야, 의료 분야, 자율 주행 분야 등 신뢰할 수 있는 AI 개발 안내서가 있지만, 여기도 AI 로봇 분야는 없었다(과학기술정보통신부 · 한국정보통신기술협회, 2023).

2025년 1월 AI 발전과 신뢰 기반 조성 등에 관한 기본법(약칭 AI 기본법)이 제정되었다(과학기술정보통신부, 2025).

인간의 생명, 신체 안전 및 기본권에 위험을 초래할 우려가 있는 AI 시스템의 안전성을 점검할 수 있는 가이드라인 등 정책을 추진하는 데 저자의 AI 로봇의 위험성 유형별 측정 지표는 기본 지침서로서 활용 가치가 아주 높다.

2024년 산업통상부는 관련 부처와 함께 지능형 로봇 기본 계획을 발표했는데, 국가 경쟁력 강화를 위한 로봇 산업 육성이 주된 내용으로 수록돼 있다(산업통상자원부, 2024).

로봇 산업 육성도 중요하지만 민관 협력 체계를 구축해서 로봇의 안전성을 어떻게 할 것인지에 대한 가이드라인 마련 등 정책이 선행되어야 한다. AI 로봇의 위험성 유형별 측정 지표를 범정부적인 통합 가이드라인으로 활용할 필요가 있다.

AI 로봇으로 인한 어떤 문제가 새롭게 발생할지는 아무도 모른다. 다만 저자의 연구 과정에서 논의된 이후 최종 탈락한 측정 지표 중 몇 개는 실제 위험이 나타났으므로 후속 연구의 필요성이 있다(송현경, 2024). 연구 초기 단계인 전문가 인터뷰에서 중요하게 논의되었던 AI 로봇의 인간을 해칠 판단 중, 자살이나 자해를 권유하는 위험성 측정 지표의 경우 1차 델파이 설문조사에서 전문가들 의견이 합의에 이르지 못하는 수치가 나옴에 따라 측정 지표가 제거되었다(송현경, 2024). 하지만 현실에서는 AI 챗봇이 자살·자해를 권유하는 발언을 해서 인간이 스스로 목숨을 끊는 극단적 선택을 하게 됨으로써 실제로 위험성을 초래할 수 있다는 것이 드러났다(송현경, 2024). 이로써 AI 로봇의 자살·자해를 권유하는 발언이 인간을 해칠 위험성을 측정하는 지표로서 중요한 의미가 있다는 것이 확인된 사례다.

또한, 저자와 일부 전문가들이 가장 필요하다고 의견을 제시했던 측정 지표는 AI 로봇의 자의적 침해 및 의도적 폭력 등 인간 신체에 대한 직접적 위협이었다. 당시 다수의 전문가들은 로봇 3원칙에 따라 인간 신체에 직접적인 위협을 초래하지 않을 것이라며 1차 델파이 단계에서 전문가들 의견 합의가 되지 않아 제거되었다(송현경, 2024). 하지만 AI 로봇의 직접적 위협은 향후 가장 위험한 문제가 될 것이라고, 딥러닝 창시자인 힌턴 교수도 언급한 바 있으므로 많은 전문가가 관심을 가지고 측정 지표를 확장하는 연구가 지속돼야 한다.

이 외에도 AI 로봇이 주행 중 센서 오류로 도로에서 정지한다면 신체에 대한 물리적 위험성 및 재물을 파손하고 교통질서를 혼잡하게 하는 사회적 문제를 일으키는 등 여러 위험성을 동시에 초래할 수 있다. 이러한 로봇의 위험이 센서 또는 프로그램 때문에 발생했는지 정확한 판단이 어렵다. 따라서 AI 로봇의 위험성 유형별 측정 지표들이 여러 위험성의 원인을 파악하는 데 도움 되므로 안전한 AI 로봇을 개발하기 위한 공학적 지표 연구에도 활용할 수 있을 것이다.

AI 로봇은 앞으로 계속 발전해 나갈 것이다. 따라서 AI 로봇과 관련된 사회적인 문제는 예측이 어려우므로

AI 로봇의 위험성을 점검할 측정 지표 연구는 앞으로 확장 개발할 연구 영역이다. 이 책의 AI 로봇 위험성 측정 지표가 안전한 사회를 만들고, 산업 발전을 도모하기 위한 법 · 제도나 정책에 널리 활용되기를 기대한다.

참고문헌

과학기술정보통신부(2025.1.21). "인공지능 발전과 신뢰 기반 조성 등에 관한 기본법(약칭: 인공지능기본법)". https://www.law.go.kr/%EB%B2%95%EB%A0%B9/%EC%9D%B8%EA%B3%B5%EC%A7%80%EB%8A%A5%20%EB%B0%9C%EC%A0%84%EA%B3%BC%20%EC%8B%A0%EB%A2%B0%20%EA%B8%B0%EB%B0%98%20%EC%A1%B0%EC%84%B1%20%EB%93%B1%EC%97%90%20%EA%B4%80%ED%95%9C%20%EA%B8%B0%EB%B3%B8%EB%B2%95/(20676,20250121

과학기술정보통신부·한국정보통신기술협회(2023). "2023 신뢰할 수 있는 인공지능 개발 안내서/Guidebook for Development of Trustworthy AI 2023". https://www.aitrustops.or.kr/common/bbs/tcntr/selectBbs.do?bbs_seq=7402

산업통상자원부(2024.1.16). "2024~2028년 로봇산업 육성을 위한 청사진 나왔다 – 제4차 지능형 로봇 기본계획('24~'28) 발표". https://www.korea.kr/briefing/pressReleaseView.do?newsId=156610879

송현경(2024). "인공지능 로봇의 위험성 유형별 측정지표 개발과 인공지능 윤리원칙 관계성 연구". 성균관대학교 일반대학원 박사학위논문.
https://dcollection.skku.edu/common/orgView/000000178190

송현경

현재 서울특별시경찰청 정보화운영계에서 근무 중인 경찰공무원(2008~)이며, 동국대학교 사법대학에서 정보보호개론 교수(2024)를 겸직했다. 한국외국어대학교 교육대학원에서 상담심리학과 석사학위 및 정교사 2급 자격을 취득했고(2016), 성균관대학교 일반대학원에서 컴퓨터교육학 박사학위(2024)를 취득했다. 청와대 대통령실 총무비서실에서 근무한 경력이 있으며(2012~2016), 사이버 안전을 위해 학생용 사이버불링 표준강의안 및 성인 대상 사이버불링 표준강의안을 제작했으며, 국민 대상으로 사이버범죄 예방 강사로 강의 활동을 했다(2016~2019). 국제인공지능윤리협회(IAAE) AI 리더스포럼 정회원으로 AI안전윤리인증 선임심사원 및 디지털 윤리 강사이며(2024~), 정보통신산업진흥원(NIPA)의 평가 위원이다(2024~). 주요 연구로는 “학교폭력 예방을 위한 데이터 수집 분류 모형과 구성요소에 관한 연구”(2023), “AI 로봇의 위험성 예방을 위한 측정지표에 관한 연구”(2023), “AI 로봇의 위험성 유형별 측정지표 개발”(2024), “AI 로봇의 위험성 유형별 측정지표와 인공지능 윤리원칙 간의 관계성에 관한 연구”(2025) 등 KCI 학술지에 게재된 논문 4편이 있다.